COZINHA DE INOVAÇÃO 2

COZINHA DE INOVAÇÃO 2

PESQUISA E INOVAÇÃO NA COZINHA DO SENAC RJ

Editora Senac Rio – Rio de Janeiro – 2022

Cozinha de inovação 2: pesquisa e inovação na cozinha do Senac RJ © Senac RJ, 2022.

Direitos desta edição reservados ao Serviço Nacional de Aprendizagem Comercial – Administração Regional do Rio de Janeiro.

Vedada, nos termos da lei, a reprodução total ou parcial deste livro.

SENAC RJ

Presidente do Conselho Regional
Antonio Florencio de Queiroz Junior

Diretor Regional
Sergio Arthur Ribeiro da Silva

Diretor de Operações Compartilhadas
Pedro Paulo Vieira de Mello Teixeira

Diretor de Educação Profissional Interino
Claudio Tangari

Editora Senac Rio
Rua Pompeu Loureiro, 45/11º andar
Copacabana – Rio de Janeiro
CEP: 22061-000 – RJ
comercial.editora@rj.senac.br
editora@rj.senac.br
www.rj.senac.br/editora

Editora
Daniele Paraiso

Produção editorial
Cláudia Amorim (coordenação), Manuela Soares (prospecção), Andréa Regina Almeida, Gypsi Canetti e Michele Paiva (copidesque e revisão de textos), Priscila Barboza, Roberta Santos e Vinicius Silva (design)

Organizadores
Gisela Abrantes
Juliana Jucá
Osvaldo Gorski

Fotografia
Rodrigo Azevedo

As cerâmicas usadas nas fotos foram gentilmente cedidas por Alice Felzenszwalb e Katia Valente.

Impressão: Imos Gráfica e Editora Ltda.
1ª edição: agosto de 2022

CIP-BRASIL. CATALOGAÇÃO NA PUBLICAÇÃO
SINDICATO NACIONAL DOS EDITORES DE LIVROS, RJ

S477c

    SENAC Rio
        Cozinha de inovação 2 : pesquisa e inovação na cozinha do SENAC RJ / SENAC Rio ; organização Gisela Abrantes, Juliana Jucá, Osvaldo Gorski. - 1. ed. - Rio de Janeiro : Ed. SENAC Rio, 2022.
        256 p. ; 23 cm.

        ISBN 978-65-86493-66-5

        1. Gastronomia - Manuais, guias, etc. 2. Culinária - Receitas. 3. Culinária - Orientação profissional. I. Abrantes, Gisela. II. Jucá, Juliana. III. Gorski, Osvaldo. IV. Título.

22-78862   CDD: 641.5
                                                                                       CDU: 641.5

Meri Gleice Rodrigues de Souza - Bibliotecária - CRB-7/6439

SUMÁRIO

Introdução		10
Capítulo 1:	Vegetais *soufflé*: camadas de sabor	14
Capítulo 2:	Usos contemporâneos do milho	22
Capítulo 3:	*Food pairing* brasileiro	42
Capítulo 4:	Xaropes fermentados na mixologia	52
Capítulo 5:	Peles de peixe	72
Capítulo 6:	Emulsões de colágeno	98
Capítulo 7:	A doçura das terrines	116
Capítulo 8:	Protagonismo da horta	132
Capítulo 9:	Equipamentos modernos no preparo de vegetais	140
Capítulo 10:	Arroz anã	150
Capítulo 11:	Receitas inusitadas	230
Referências		252

ANETE FERREIRA

O Grupo de Pesquisa e Inovação na Cozinha do Senac RJ, idealizado e coordenado pela chef e professora Gisela Abrantes, foi criado em 2012 na unidade de Copacabana, onde permanece alocado desde então. As atividades do grupo funcionam em módulos de três meses, com encontros semanais presenciais para testes práticos em laboratório, estudos teóricos e compartilhamento de vivências e saberes.

Os participantes são estimulados a formular seus projetos de pesquisa, com propostas individuais ou coletivas. Além dos planos de trabalho, são oferecidas regularmente aulas de nivelamento sobre equipamentos de vanguarda, técnicas da cozinha contemporânea, aditivos e espessantes, como outros temas que não compõem as ementas dos cursos de formação de cozinheiro e chef executivo.

Os alunos que passam pelo Grupo de Pesquisa e Inovação na Cozinha do Senac RJ encontram liberdade para construir os percursos de conhecimento, autonomia para desenvolver os projetos de pesquisa, colaboração contínua entre os participantes, desafio permanente para sair da zona de conforto e do lugar-comum, sempre com apoio técnico e orientação acurada da coordenação. E aqueles que se engajam plenamente em suas atividades têm a oportunidade de vivenciar uma imersão profissional transformadora, que não está disponível nos cursos regulares, nas especializações ou rotinas do ambiente de trabalho.

A pesquisa é direcionada de maneira a fomentar e desenvolver diversas habilidades, tais quais despertar o apreço pelos estudos teóricos, estimular a produção do conhecimento em gastronomia, estabelecer conexões interdisciplinares, exercitar a imaginação... Porque a inovação na cozinha contemporânea não é apenas sinônimo de novidade, mas resultado da combinação de pesquisa sistemática, do conhecimento profundo dos ingredientes, do domínio das técnicas, da incorporação adequada de tecnologias e equipamentos para transformar a criatividade em processos sustentáveis e experiências singulares.

A seleção das receitas deste volume 2 do *Cozinha de inovação* tem como eixo comum a simplicidade dos ingredientes em abordagens criativas, pouco usuais e, ao mesmo tempo, práticas e fáceis. Em sua grande maioria, são originais, criadas no âmbito dos projetos, mas algumas são releituras de preparações que estavam esquecidas nos cadernos de receita das famílias e adaptações com substituição de ingredientes e facilitação de processos.

Nas receitas desta edição, o leitor vai encontrar soluções instigantes de como preparar vegetais crocantes e cheios de ar, combinar sabores inesperados entre ingredientes que nunca haviam sido reunidos em uma mesma receita, utilizar as partes menos nobres das proteínas animais para produzir emulsões, molhos e deliciosos canapés. Também vai descobrir como transformar vegetais em protagonistas das refeições – mesmo para quem não é vegetariano –, além de novas perspectivas para a utilização dos dois cereais mais consumidos no Brasil e no mundo: arroz e milho.

CAPÍTULO I

VEGETAIS *SOUFFLÉ*: CAMADAS DE SABOR

ALEXANDRE TRAJMAN
ELI MONTE

Uma das técnicas atualmente utilizadas na produção de vegetais *soufflé* consiste em juntar duas lâminas bem finas de um vegetal, colando uma à outra com auxílio de clara de ovo e amido. O processo seguinte é levar esse preparo para cocção em gordura quente, com temperaturas controladas e por um tempo específico. Assim, o calor faz com que os líquidos existentes no centro dessas lâminas gerem vapor, o qual, por sua vez, infla o produto final, atribuindo volume e crocância.

Nas recentes pesquisas, utilizamos as batatas asterix, com as quais obtivemos os melhores resultados.

Uma vez dominada a técnica, nosso desafio neste capítulo foi transformar a preparação principal, sem perder a base do alimento, trazendo ao produto texturas, cores, aromas e sabores diferentes.

BATATA
SOUFFLÉ COM SÁLVIA

VEGETAIS SOUFFLÉ: CAMADAS DE SABOR

- 1 clara de ovo
- 40 g de amido de milho
- 2 batatas asterix grandes e descascadas
- 1 maço de sálvia
- 500 ml de azeite extravirgem
- Sal

1. Coloque a clara do ovo em um recipiente. Reserve.

2. Em outro recipiente, coloque o amido de milho.

3. Descasque as batatas e fatie-as no sentido do comprimento, com auxílio de uma mandolina. A espessura de cada lâmina deve ter, aproximadamente, 1 mm. (Separe as lâminas similares, em duplas, lado a lado, em cima de uma bancada.)

4. Com ajuda de um pincel, polvilhe uma fina camada de amido em uma das lâminas.

5. Com outro pincel, passe uma fina camada de clara na outra lâmina.

6. Coloque uma folha de sálvia no meio da lâmina que está com a clara.

7. Junte as duas lâminas de forma que fiquem coladas (uma de amido e outra de clara), fazendo um "sanduíche" com a sálvia entre as lâminas.

8. Divida a quantidade de azeite em duas panelas. Em uma delas, aqueça o azeite a 150 °C; em outra, a 200 °C.

9. Frite primeiro as batatas na temperatura mais baixa por cerca de 5 minutos. É importante mexer a panela o tempo todo para que o azeite quente envolva integralmente a batata durante a fritura.

10. A seguir, leve as batatas para a panela com o azeite a 200 °C por 40 segundos ou até que dourem.

11. Depois de douradas e com uma crosta firme, retire-as do azeite e escorra em papel absorvente.

12. Acrescente sal a gosto e sirva.

- 100 g de presunto de Parma cru
- 1 clara de ovo
- 40 g de amido de milho
- 2 batatas asterix grandes e descascadas
- 500 ml de azeite extravirgem
- Sal a gosto

1. Forre um prato com papel-toalha, coloque o presunto em cima e cubra com outra folha de papel-toalha.

2. Leve o prato no micro-ondas por 2 a 4 minutos em potência alta. Retire, deixe esfriar e "quebre" o presunto até obter uma farofa bem fininha de Parma. Reserve em um pote.

3. Coloque a clara de ovo em um recipiente.

4. Reserve em outro recipiente o amido de milho.

5. Descasque as batatas.

6. Fatie as batatas no sentido do comprimento, com auxílio de uma mandolina. A espessura de cada lâmina deve ter, aproximadamente, 1 mm. (Separe as lâminas similares, em duplas, lado a lado, em cima de uma bancada.)

VEGETAIS *SOUFFLÉ*: CAMADAS DE SABOR

7. Com ajuda de um pincel, polvilhe uma fina camada de amido em uma das lâminas.

8. Com outro pincel, passe uma fina camada de clara na outra lâmina.

9. Polvilhe um pouco da farofa de Parma bem no meio da lâmina que está com a clara.

10. Junte as duas lâminas de modo que fiquem coladas (uma de amido e outra de clara), fazendo um "sanduíche".

11. Divida a quantidade de azeite em duas panelas. Em uma delas, aqueça o azeite a 150 °C; em outra, a 200 °C.

12. Frite primeiro as batatas na temperatura mais baixa por cerca de 5 minutos. É importante mexer a panela o tempo todo para que o azeite quente envolva integralmente a batata durante a fritura.

13. Em seguida, leve as batatas para a panela com o azeite a 200 °C por 40 segundos ou até que dourem.

14. Depois de douradas e com uma crosta firme, retire-as do azeite e escorra em papel absorvente.

15. Acrescente sal a gosto e sirva.

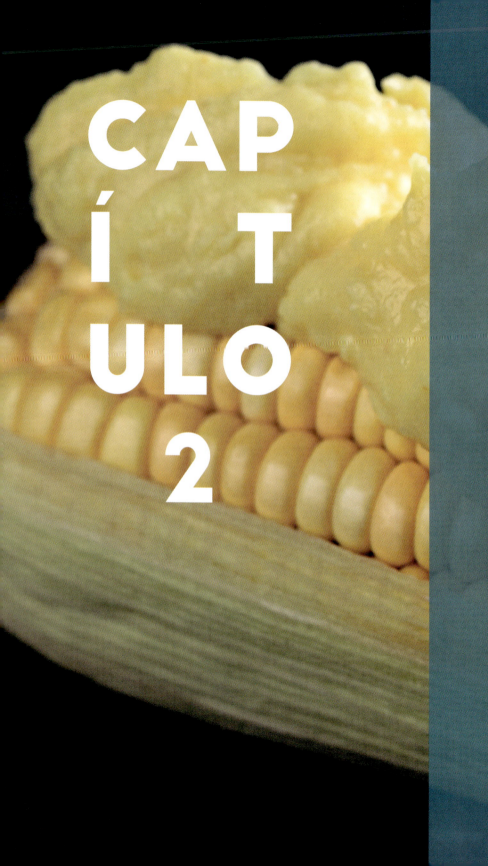

CAPÍTULO 2

USOS CONTEMPORÂNEOS DO MILHO

ANETE FERREIRA
LUIS NAKAO

De todos os cereais cultivados pela humanidade, apenas o milho depende da agricultura para sua reprodução. É uma espécie que não tem um processo de dispersão natural, precisa ser descascado e plantado para frutificar.

O milho é o cereal americano que conquistou o mundo. A espécie *zea mays l* é resultado do esforço de domesticação por meio do trabalho de agricultura do homem, que conseguiu obter um cereal de espiga longa e grãos polpudos com o cruzamento e a seleção de uma gramínea. O processo de domesticação foi iniciado na região do Golfo do México há mais de 7 mil anos. Contudo, os grãos se disseminaram rapidamente por todo o continente americano, em razão do intenso comércio entre as civilizações astecas, maias, incas e outros povos, especialmente na faixa sudoeste da região amazônica, onde, de acordo com pesquisas arqueológicas recentes, o milho atingiu sua plenitude.

Nas culturas ameríndias, que ocupavam o território americano antes da conquista pelos impérios europeus, a partir de fins do século XV, o milho não era apenas um cereal cultivado e presente na dieta cotidiana desses povos originais, mas um alimento sagrado. Os astecas tinham uma divindade própria dedicada a ele, e seus grãos ainda podem ser vistos nas ruínas dos templos incas.

No processo de colonização europeia, o milho ocupou uma posição estratégica como alimento de base e logo passou a ser cultivado no velho continente. Existem registros de plantações de milho na região do Mediterrâneo desde as primeiras décadas do século XVI. Daí conquistou o mundo, sendo atualmente o terceiro cereal mais produzido, atrás apenas do trigo e do arroz.

O milho é um cereal farto, que rende, sustenta e tem um ciclo de produção relativamente menor que qualquer outro; em cerca de noventa dias já está granado e pode ser consumido com seus grãos ainda verdes. Na comparação com o trigo ou arroz, por exemplo, o beneficiamento também é considerado mais simples, de certo modo, sobretudo porque a espiga grande facilita a remoção da casca, e a moagem dos grãos pode ser feita em sistemas artesanais.

PARA ENTENDER UM POUCO O POTENCIAL DO MILHO NA GASTRONOMIA

O milho é um cereal rico em amidos, lipídios e proteínas. A proteína do milho se destaca por ser uma fonte de vitaminas do complexo B, o que não é comum nas fontes de origem vegetal.

O grão de milho é composto de pericarpo (compreende a película que reveste o grão e corresponde a pelo menos 5%), endosperma (parte densa e mais escura, que corresponde a cerca de 83%) e germe (parte clara, que pode chegar a 12%).

O endosperma concentra o amido e as proteínas do milho, do qual se produzem todas as farinhas e o amido propriamente dito. Quando processado em escala industrial, o endosperma pode converter até 60% do seu conteúdo em amido.

Do germe se extrai o óleo do milho e cerca de 50% do seu material bruto pode ser convertido em gordura. O resultado é um óleo neutro, com várias aplicações na gastronomia.

Na cozinha, além dos usos do amido e do óleo, são comuns a utilização do milho-verde granado, dos grãos inteiros secos, triturados grosseiramente e refinados, em diferentes granulometrias.

USOS CONTEMPORÂNEOS DO MILHO

No Brasil, as farinhas resultantes da moagem do grão de milho são genericamente denominadas fubá. Os fubás ou farinhas de milho são produzidos pela moagem seca ou úmida do grão, com classificação conforme a textura final.

Farinhas de moagem seca – o grão seco limpo, degerminado ou não – passam por diferentes moinhos e peneiras, sem utilização de água na hidratação direta do cereal.

Nos processos mais tradicionais e mais artesanais, nos moinhos hidráulicos ou moinhos d'água, os grãos são moídos integralmente com a pele (pericarpo), o miolo (endosperma) e o germe. Portanto, apresentam-se ricos em amidos, fibras e óleo. Por isso, são mais perecíveis, pois oxidam relativamente rápido, ganhando um sabor mais amargo e rançoso. Podem ter diferentes granulometrias.

No beneficiamento industrial, o grão é degerminado, extrai-se a pele e o germe, apenas o endosperma é moído e classificado conforme a granulagem: fubá mimoso (extrafino), fubá médio, fubá de canjica ou sêmola de milho (grosso).

As farinhas de milho de moagem úmida são resultado de processo longo de produção, que inclui a hidratação do grão antes da moagem. Esse método visa à obtenção de uma massa lisa e uniforme, com granulagem que varia conforme as características do produto desejado. Em geral, essa massa é prensada, depois seca ou torrada, como no caso do fubá flocado e da farinha de milho de beiju.

Aos processos de moagem seco e úmido, acrescenta-se ainda o processo de pré-cozimento das farinhas de milho, que têm por objetivo acelerar o tempo dos preparos. No entanto, as farinhas de milho instantâneas se mostram mais adequadas em preparações como polentas, apesar de consideradas menos saborosas.

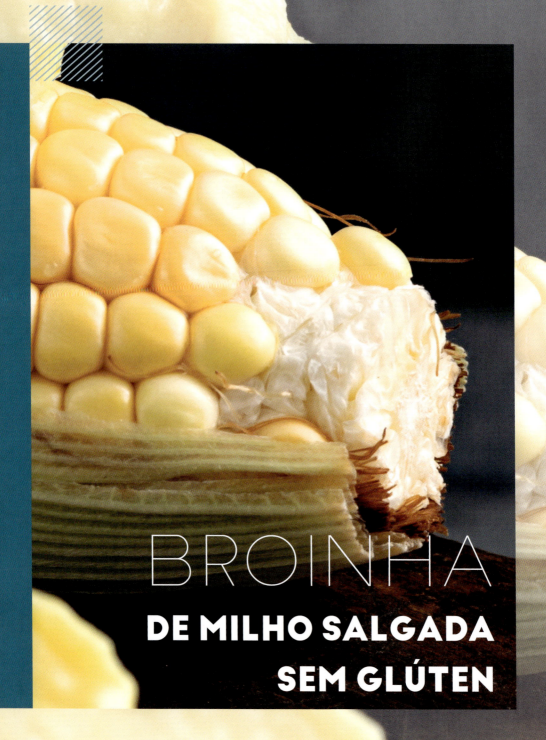

BROINHA
DE MILHO SALGADA SEM GLÚTEN

- 1 e ¾ xícara de fubá mimoso
- ¼ xícara de açúcar branco
- ½ xícara de polvilho azedo
- 1 e ¾ xícara de leite
- ¼ copo americano de óleo de milho
- 1 colher (chá) de sal
- 100 g de queijo de minas meia cura ralado
- 3 ovos
- ½ colher (chá) de orégano (opcional)
- Fubá mimoso para enrolar

1. Em uma tigela, misture o fubá, o açúcar e o polvilho azedo.
2. Em uma panela, aqueça o leite, o óleo e o sal em fogo médio.
3. Baixe o fogo e adicione os ingredientes secos, menos o queijo. Mexa sem parar até que a massa desgrude do fundo da panela.
4. Retire da panela e transfira para o bowl da batedeira. Bata em velocidade baixa até a massa esfriar. Acrescente o queijo e os ovos, um por vez, e continue batendo.
5. Enrole as broinhas em caneca ou tigela pequena com fundo redondo, coloque um pouco de fubá para polvilhar.
6. Pegue uma colher (sobremesa) da massa e gire na caneca até a massa ficar redonda.
7. Coloque as broinhas em um tabuleiro forrado com papel assa fácil.
8. Asse em forno preaquecido a 200 °C por 15 minutos, depois abaixe para 170 °C até que as broinhas fiquem coradas.

BROINHA
DE FUBÁ DOCE

USOS CONTEMPORÂNEOS DO MILHO

- ½ xícara de leite
- ½ xícara de água
- 2 colheres (sopa) de açúcar
- ½ colher (chá) de erva-doce (opcional)
- 1 canela em pau (opcional)
- ½ colher (chá) de sal
- ½ xícara de farinha de trigo
- ½ xícara de fubá mimoso
- 3 ovos
- ½ xícara de óleo de milho

1. Cubra uma fôrma retangular grande com papel assa fácil.
2. Em uma panela média, junte o leite, a água, o açúcar, o óleo de milho, as sementes de erva-doce, a canela em pau e o sal. Leve ao fogo médio.
3. Assim que começar a ferver, retire a canela em pau, adicione a farinha de trigo e o fubá, mexa bem com uma espátula para formar uma massa lisa. Deixe cozinhar por cerca de 2 minutos, sem parar de mexer, até formar uma camada fina de massa seca no fundo da panela.
4. Desligue o fogo e transfira a massa para a tigela da batedeira. Bata em velocidade baixa, por 5 minutos, para esfriar.

5. Com a massa fria, adicione um ovo de cada vez, batendo bem entre cada adição. Depois do último ovo, deixe bater por cerca de 2 minutos até formar uma massa brilhante.

6. Use uma caneca ou tigela pequena com fundo redondo para enrolar as broinhas e coloque um pouco de fubá para polvilhar. Pegue uma colher (sobremesa) da massa, coloque na caneca e gire até a massa ficar no formato arredondado.

7. Coloque as broinhas em uma fôrma coberta com papel assa fácil.

8. Leve para assar em forno preaquecido a 220 °C por 15 minutos, até crescerem.

9. Diminua a temperatura do forno para 180 °C e deixe assar por aproximadamente 25 minutos ou até as broinhas ficarem douradas e firmes.

CHURROS
DE FUBÁ

- 440 ml de água mineral
- 10 g de sal refinado
- 10 g de açúcar
- 1 colher (chá) de essência de baunilha
- Raspas de uma laranja (opcional)
- 150 g de farinha de trigo
- 100 g de fubá mimoso (farinha mais fina)
- 1 ovo
- Óleo de milho para fritar por imersão (q.b.)
- Açúcar com canela para polvilhar (q.b.)

1. Em uma panela grande, coloque a água, o sal, o açúcar, a essência de baunilha e as raspas de laranja, caso opte por utilizá-las.

2. Coloque a panela no fogo médio e espere ferver.

3. Quando ferver, coloque a mistura de farinha de trigo com fubá mimoso e mexa rapidamente até obter uma massa homogênea, que desgrude do fundo da panela. Ao atingir esse ponto, desligue o fogo.

USOS CONTEMPORÂNEOS DO MILHO

4. Se houver dificuldade em atingir esse ponto na panela, você pode esperar a massa esfriar um pouco e sovar com as mãos. Para evitar que a massa grude, passe um pouco de óleo nas mãos.

5. Depois que estiver homogênea, coloque a massa em um bowl para esfriar. Quando estiver mais fria, coloque o ovo e mexa até incorporar.

6. Coloque a massa em um saco de confeiteiro com bico de pitanga grande ou em uma máquina de churros, e aqueça uma panela com óleo para fritar a 180 °C.

7. Pressione a massa no saco sobre a panela com óleo, frite até dourar.

8. Retire e escorra em papel-toalha, depois passe na mistura de açúcar e canela. Sirva quente.

COSTELINHA
SUÍNA NO MISSÔ COM CREME DE MILHO-VERDE

COSTELINHA

- 50 g de missô Sendai
- 20 ml de saquê mirin
- 30 ml de vinagre de arroz escuro
- 20 ml de shoyu
- 20 ml de worcestershire sauce
- Gengibre ralado a gosto
- Pimenta-preta moída a gosto
- Sal a gosto
- 1 kg de costelinha suína fresca
- 100 ml de água mineral
- Óleo (para aquecer a frigideira)

1. Misture todos os temperos, dilua com a água mineral e tempere a costela. Deixe marinar por 2 horas.

2. Em uma frigideira antiaderente, em fogo alto, doure bem a costela dos dois lados.

3. Embrulhe a costela em papel-alumínio com o líquido da marinada e leve ao forno a 180 °C por 2 horas, aproximadamente. Retire e deixe esfriar. Reserve o líquido do cozimento.

4. Desosse a costela sem desmontar a estrutura da carne, descarte os ossos e resfrie a carne na geladeira ou no freezer.

CREME DE MILHO

- 4 espigas de milho-verde
- 200 ml de água mineral
- 50 g de manteiga
- Sal a gosto

1. Corte o milho rente ao sabugo e coloque os grãos no liquidificador, acrescente a água e processe.

2. Coe em peneira grossa, coloque o líquido em uma panela, acrescente a metade da manteiga e o sal.

3. Coloque a panela em fogo médio, mexendo em movimentos regulares até cozinhar completamente por cerca de 30 minutos. Se ficar muito firme, vá acrescentando água aos poucos até atingir a consistência adequada; caso necessário, coloque água além da quantidade especificada.

4. Coloque o restante da manteiga para finalizar e misture até incorporar completamente.

USOS CONTEMPORÂNEOS DO MILHO

QUIABOS GRELHADOS

- 8 quiabos pequenos e novos
- 4 pimentas-de-cheiro frescas
- 50 ml de óleo de gergelim
- Sal e pimenta-preta a gosto
- Gergelim preto e marrom para decorar

1. Higienize e seque os quiabos e as pimentas.
2. Pique os quiabos ao meio e corte as pimentas em quatro, ambos no sentido do comprimento.
3. Em uma frigideira antiaderente, em fogo alto, grelhe cada grupo de vegetal por vez, com um fio de óleo de gergelim, até que eles fiquem chamuscados.
4. Tempere com sal, pimenta-preta moída e salpique com os grãos de gergelim.

MOLHO

- 200 ml de caldo de cozimento da costela
- 100 ml de tomate passata

1. Coloque em uma panela o caldo do cozimento e acrescente a passata de tomate.
2. Mantenha o fogo baixo até que o molho reduza e atinja a consistência adequada.
3. Ajuste o tempero.

- 200 g de canjiquinha de milho branco
- 2 colheres (sopa) de coentro fresco picado
- 3 colheres (sopa) de *ciboulette* fresca picada
- 3 colheres (sopa) de salsinha fresca picada
- 2 colheres (sopa) de hortelã fresco picado
- 1 pepino japonês descascado e picado em *petit brunoise*
- 2 colheres (sopa) de vinagre balsâmico branco
- 4 colheres (sopa) de azeite extravirgem
- Sal e pimenta-preta moída a gosto

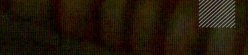

1. Lave bem a canjiquinha até que a água fique transparente. Coloque-a de molho por pelo menos 12 horas. Escorra a água do molho, coloque em uma panela, cubra com o triplo de água e cozinhe em fogo médio até que os grãos fiquem bem macios, mexendo de vez em quando para não grudar.

2. Escorra a canjiquinha, lave bem em água corrente para limpar todo o amido liberado durante o cozimento. Escorra bem, retirando o excesso de água.

3. Tempere, misturando todos os ingredientes.

CAPÍTULO 3

FOOD PAIRING BRASILEIRO

MARLUCE CARVALHO
BRUNO FIGUEIREDO

Food pairing é um método de identificação e combinação de sabores que se baseia nas características organolépticas e sensoriais de cada alimento.

As características consideradas nesse método abrangem o sabor, a textura e, principalmente, as semelhanças entre as propriedades moleculares aromáticas dos alimentos. O método completo também considera aspectos socioculturais dos alimentos, entretanto não se restringe a eles.

Assim, torna-se possível a quebra da tradição, com criações surpreendentes – que podem parecer contraintuitivas, mas agradam ao paladar por se basearem em interações de compostos aromáticos encontrados em outras combinações de alimentos conhecidas e já consolidadas no gosto coletivo.

Neste projeto, o objetivo foi testar o método em combinações com alguns ingredientes tradicionais da cozinha brasileira, direcionando essas harmonizações culinárias à memória gustativa mais próxima do paladar nacional.

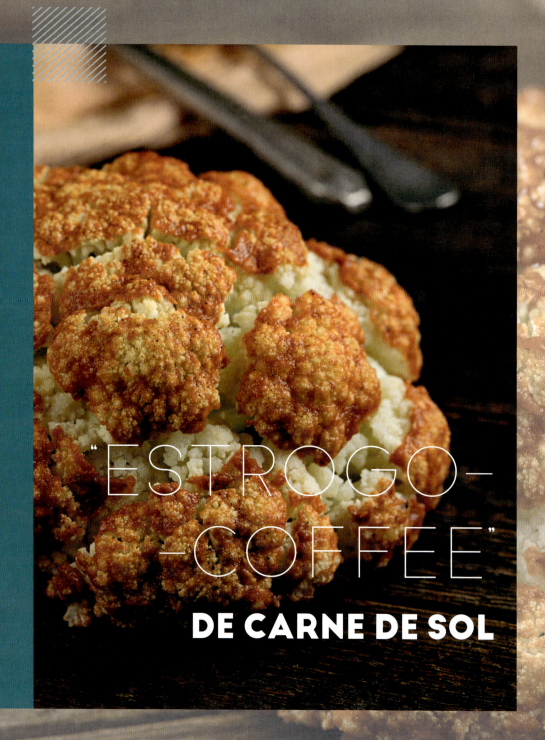

"ESTROGO-COFFEE" DE CARNE DE SOL

FOOD PAIRING BRASILEIRO

- **450 g de iscas de carne de sol dessalgada (pode ser substituída por filé-mignon ou alcatra)**
- **Pimenta-do-reino moída na hora**
- **Azeite extravirgem**
- **150 ml de café solúvel pronto [3 colheres (sopa) de café para 150 ml de água fervente]**
- **150 ml de água filtrada**
- **75 g de cebola picada**
- **1 colher (sopa) de extrato de tomate**
- **200 g de creme de leite fresco**

1. Tempere as iscas de carne de sol com pimenta-do-reino moída na hora e envolva tudo em um fio de azeite.

2. Divida as iscas em três partes.

3. Aqueça um pouco de azeite em fogo médio-alto e salteie 1/3 das iscas de carne de sol (150 g) até dourar. Faça "pingue e frita" com 1/3 do café (50 ml), quando necessário (pingue um pouco de café e salteie, sem queimar o fundo da panela). Retire a carne dourada da panela e reserve.

4. Faça a *deglaçagem* do fundo da panela com 50 ml de água para retirar os sabores do fundo e reserve esse caldo junto à carne dourada.

5. Coloque mais azeite na panela. Repita o processo até que todas as iscas estejam douradas.

6. Na mesma panela, coloque um fio de azeite e refogue a cebola picada.

7. Adicione o extrato de tomate e refogue, sempre mexendo.

8. Coloque de volta a carne com caldo na panela e adicione o creme de leite fresco. Cozinhe alguns minutos, mexendo até engrossar.

MOLHO TERIYAKI

- 250 ml de café pronto (forte)
- 125 ml de polpa de caju coada
- 100 g de açúcar
- 1 rodela grossa de gengibre (cerca de 10 a 15 g)
- 1 dente de alho amassado com casca
- Pimenta-do-reino moída na hora
- Sal a gosto

1. Em uma panela, coloque todos os ingredientes. Mexa e deixe cozinhar até reduzir e engrossar.
2. Quando estiver pronto, retire o alho e o gengibre.

FOOD PAIRING BRASILEIRO

CARNE-SECA

- ½ colher (sopa) de azeite extravirgem
- ½ cebola branca picada (cubos grandes ou meia-lua)
- 500 g de carne-seca dessalgada e cozida em cubos

1. Em uma frigideira, aqueça o azeite e refogue a cebola.
2. Adicione os cubos de carne-seca (pré-cozidos) e doure um pouco.
3. Sirva com o molho teriyaki de caju e café.

COUVE-FLOR ASSADA COM GOIABADA

FOOD PAIRING BRASILEIRO

- **2 colheres (sopa) de goiabada derretida**
- **Sal e pimenta-do-reino moída na hora a gosto**
- **1 unidade de couve-flor inteira, sem as folhas (cerca de 600 g)**

1. Misture a goiabada derretida, o sal e a pimenta-do-reino moída na hora.
2. Em uma assadeira, coloque a couve-flor e pincele a mistura de goiabada.
3. Adicione uma "lâmina" de água no fundo da assadeira e cubra com papel-alumínio.
4. Asse em forno preaquecido a 200 °C por cerca de 30 minutos.
5. Retire o papel-alumínio e coloque de volta no forno para dourar por 5 a 10 minutos.

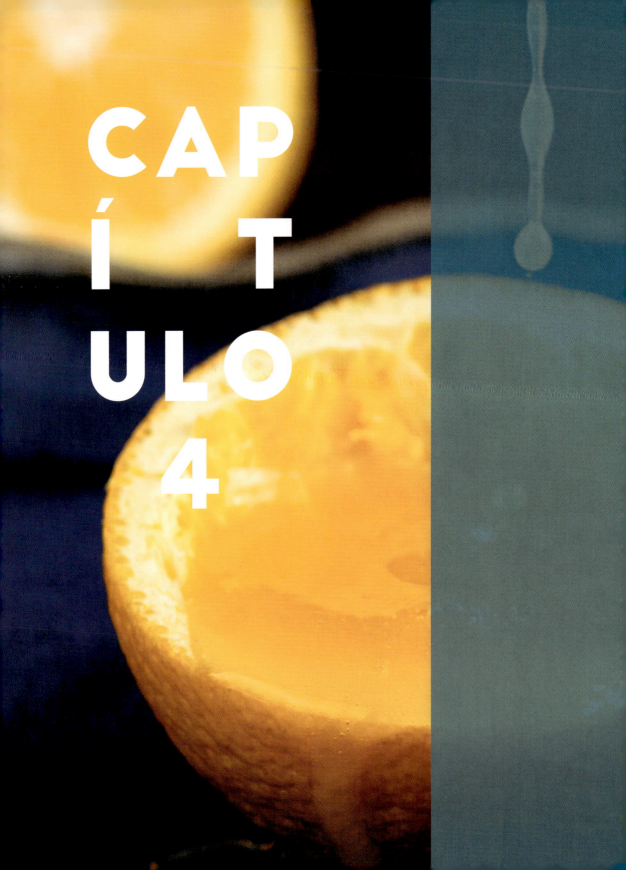
CAPÍTULO 4

XAROPES FERMENTADOS NA MIXOLOGIA

BERNARDO BASTOS

É notável o aumento exponencial da busca por alimentação saudável, nutritiva, eficiente. Palavras antes fora de nosso vocabulário, como probióticos, agora são vistas, diariamente, em comerciais, outdoors, propagandas digitais e outros veículos de comunicação.

É clara a importância do consumo de alimentos "vivos", que tragam equilíbrio ao nosso trato digestivo, que beneficiem nossa pele, nossa memória, combatam o envelhecimento, fora outras vantagens ainda em estudo. Tudo isso disponível em alimentos do nosso dia a dia, graças às proteínas que chamamos de enzimas.

Enzimas são moléculas proteicas que catalisam reações químicas de outras substâncias sem que sejam destruídas ou alteradas ao término dessas reações. Elas são encontradas em todas as células vivas e mostram-se essenciais para a vida. As enzimas digerem a comida e a transformam em energia e nutrientes necessários para o funcionamento vital do metabolismo e bem-estar geral do ser.

A reação química acontece no nível celular chamado metabolismo, o qual é necessário para crescimento, manutenção da vida e da performance das funções biológicas. Enzimas estão envolvidas em todas as atividades metabólicas; se não estiverem funcionando corretamente, isso afetará todo o metabolismo do corpo. Uma alimentação pobre e desbalanceada gera deficiência na produção de enzimas. E, sem essa produção, acabamos nos sentindo fracos e letárgicos – o que na cultura oriental seria chamado de desequilíbrio do yin e yang. Assim, precisamos consumir frutas, vegetais, ervas e leveduras para prevenir a deficiência enzimática, melhorar nossa vitalidade e nosso "chi"; desse modo, não nos sentimos doentes e cansados tão facilmente.

Diversas são as formas de aproveitarmos a disponibilidade enzimática dos alimentos; entre elas, damos destaque à poderosa e anciã fermentação! Quando a comida é fermentada, não só amplia o sabor original dos alimentos como aumenta seu perfil nutricional. Ela libera ácido lático, ácido acético, aminoácidos, proteínas etc. Ou seja, nutrientes de alta qualidade, que serão enviados para todas as partes de nosso corpo. Uma dieta balanceada e rica em alimentos fermentados ajuda no "bem-estar" geral do corpo, melhora nossa digestão e torna todo o processo metabólico mais eficiente.

Koso, ou kouso, quer dizer enzima em japonês e dá nome à técnica que vem sendo aprimorada há um século no Japão. Essa técnica utiliza a pressão osmótica do açúcar para extrair as enzimas dos alimentos via fermentação. Isso resulta em um xarope rico, vivo, cheio de sabores surpreendentes e pronto para mudar nossas vidas!

Então, deparamo-nos com o potencial de utilização do kouso e de outros preparos fermentados na mixologia. Os xaropes de um bartender são sua ferramenta mágica para encantar e surpreender. Seu preparo é relativamente simples, mas os xaropes podem trazer resultados inovadores! Adicionar uma etapa de fermentação a eles, já velhos conhecidos do bar, vai adicionar sabor, durabilidade e nutrição aos drinques, alcoólicos ou não.

A seguir, oito preparos fermentados e algumas sugestões de utilizações. Lembre-se, contudo, de que a criatividade é o limite; essas receitas servem como guias, sugestões, não devem limitar o caro leitor, mas, sim, incentivá-lo a produzir as próprias combinações. Use as suas frutas favoritas, as hortaliças que nascem na sua casa, os legumes bonitos da feira, e, no processo, consuma um alimento rico, restaurador e que fará muito bem a você.

ORIENTAÇÕES GERAIS

No preparo de fermentados, é essencial a observação diária dos preparos. Apesar de algumas vezes ser possível a medição de Ph, densidade e carbonatação, a observação ocular e olfativa também guiará os seus processos.

XAROPES FERMENTADOS NA MIXOLOGIA

Escolha sempre locais protegidos do sol (por exemplo, armários) e com pouca variação de temperatura. Isso facilitará o seu processo, pois grandes variações de temperatura tornam difícil acompanhar a evolução dos preparos.

As receitas dispostas aqui foram feitas em potes de 600 ml. Recomenda-se, porém, a utilização de potes maiores, pois o tempo de preparo não vai variar tanto, e você terá muito mais para aproveitar ao final.

As receitas foram analisadas a uma temperatura média de 27 °C, durante o dia, e 26 °C, à noite, no verão do Rio de Janeiro. Mantenha-os protegidos do sol.

É importante, uma vez ao dia, realizar a abertura dos potes para o processo de *burping*, que é o ato de liberar os gases oriundos da fermentação. No momento da abertura dos potes, é bom mexer seu conteúdo para evitar a criação de mofos indesejados. É normal formar um anel fino branco, mas, se houver formação de camadas maiores, é bom considerar jogar a mistura fora e começar novamente.

Lembre-se de que superfícies expostas ao oxigênio estão mais propensas a formação de mofo, por isso a importância de sempre mexer o conteúdo. Uma boa saída é realizar a fermentação em sacos selados e com vácuo, realizando a liberação de CO_2 quando necessário e selando novamente.

Se a mistura contiver elementos que flutuem, utilize um saco plástico limpo, com água, para empurrar o conteúdo, deixando todas as partes submersas.

Para preparar um xarope 1/1, utilize a mesma quantidade de água e de açúcar (exemplo: 300 ml de água e 300 g de açúcar). Esquente a água o bastante para diluir o açúcar.

No caso de frutas, legumes, folhas, não utilize cloro na limpeza. Limpe apenas com água, retirando quaisquer impurezas. É importante buscar usar produtos orgânicos no preparo.

KOUSO
DE LARANJA-BAÍA

XAROPES FERMENTADOS NA MIXOLOGIA

- 300 g de laranja-baía
- 300 g de açúcar cristal orgânico

1. Corte as laranjas em quatro e retire as partes brancas.
2. Pese o restante e separe o mesmo peso em açúcar orgânico.
3. Em um bowl, macere com as mãos ou um pilão a laranja com o açúcar até formar uma pasta.
4. Derrame todo o preparo no pote de vidro limpo e seco; se houver alguma parte flutuando acima do líquido, utilize um saco plástico com água para empurrar.
5. Ao longo de sete dias, deverão se formar pequenas bolhas na mistura. É possível observar a diminuição da camada de açúcar no fundo do pote (resultado da alimentação das enzimas).
6. Após dez dias, observe se a camada de açúcar foi toda consumida. Verifique também a diminuição da atividade das bolhas. Caso tais fatores tenham ocorrido, coe o líquido e leve-o à geladeira para encerrar o processo de fermentação. Conserve refrigerado por até seis meses.

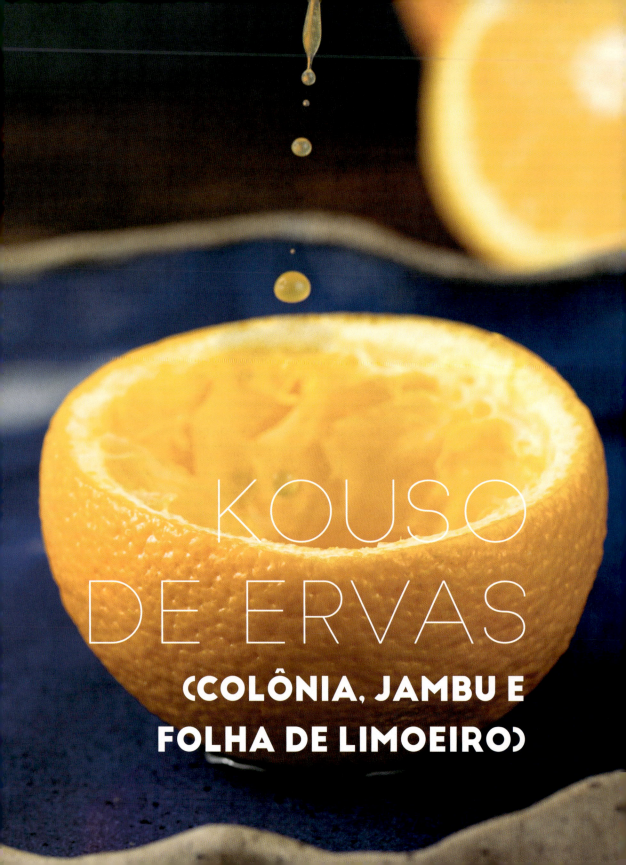

KOUSO DE ERVAS

(COLÔNIA, JAMBU E FOLHA DE LIMOEIRO)

XAROPES FERMENTADOS NA MIXOLOGIA

PARA POTE DE 600 ML

- 35 g de folhas de colônia (50%)
- 15 g de folhas e flores de jambu (20%)
- 20 g de folhas de limoeiro (30%)
- 300 ml de água mineral
- 370 g de açúcar cristal orgânico

1. Pique grosseiramente todas as ervas.

2. Pese o montante e adicione o mesmo peso em açúcar (no caso, 70 g).

3. Em um bowl, ou pilão, macere as folhas com o açúcar para quebrá-las e soltar um pouco de água.

4. Despeje a mistura em um pote de vidro limpo e seco.

5. Adicione água ao vidro para descobrir quanta água falta para que as folhas fiquem submersas (no caso, 300 ml).

6. Retire a água e prepare um xarope 1/1 (300 ml de água e 300 g de açúcar). Adicione o xarope ao pote, cobrindo todas as folhas.

7. Ao longo de sete dias, deverão se formar pequenas bolhas na mistura. É possível observar a diminuição da camada de açúcar no fundo do pote (resultado da alimentação das enzimas).

8. Após dez dias, observe se a camada de açúcar foi toda consumida. Verifique também a diminuição da atividade das bolhas. Se tais fatores tiverem ocorrido, coe o líquido e leve-o à geladeira para encerrar o processo de fermentação. Conserve refrigerado por até seis meses.

KOUSO DE ERVA--MATE

(MARACUJÁ, ACEROLA E INHAME)

XAROPES FERMENTADOS NA MIXOLOGIA

PARA DOIS POTES DE 600 ML

- 220 g de acerola, com sementes (32%)
- 220 g de inhame (32%)
- 693 g de açúcar cristal orgânico
- 220 g de polpa de maracujá (32%)
- 33 g de erva-mate (4%)

1. Pique grosseiramente as acerolas e o inhame.
2. Misture em um bowl o açúcar com a polpa de maracujá, a erva-mate e os itens picados.
3. Despeje a mistura em um pote de vidro limpo e seco. Se não couber em um, divida em quantos forem necessários.
4. Ao longo de dois a três dias, como resultado do alto nível enzimático do inhame, deverão se formar bolhas na mistura. É possível acompanhar a diminuição da camada de açúcar no fundo do pote.
5. Após 12 dias, observe se a camada de açúcar foi toda consumida. Caso tenha sido, coe o líquido e leve-o à geladeira para encerrar o processo de fermentação.
6. Conserve refrigerado por até seis meses, abrindo ocasionalmente para realizar o *burping*.
7. O xarope apresentará consistência de melado por causa do inhame. Não é defeito no processo.

Sugestão de consumo: *1 dose de xarope, 3 de tônica e gelo à vontade.*

XAROPES FERMENTADOS NA MIXOLOGIA

PARA DOIS POTES DE 600 ML

- 200 g de beterraba (32%)
- 50 g de aipo (8%)
- 50 g de agrião (8%)
- 20 g de gengibre (4%)
- 300 g de melão (48%)
- 600 g de açúcar cristal orgânico
- 120 ml de água

1. Pique grosseiramente a beterraba, o aipo, o agrião e o gengibre (sem casca).

2. Com uma colher, retire a carne do melão e, em um bowl, macere a carne da fruta com o açúcar.

3. Misture todos os ingredientes e despeje em potes de vidro limpos e secos, em tantos quantos forem necessários para usar toda a mistura.

4. Entre o primeiro e o segundo dia, a mistura já deve começar uma atividade enzimática intensa. É muito importante realizar o *burping* dos potes todos os dias.

5. Após dez dias, o açúcar residual já deverá ter sido todo consumido e a atividade de bolhas deverá ter reduzido consideravelmente. Coe os sólidos e leve o líquido para a geladeira a fim de encerrar o processo.

6. Conserve refrigerado por até seis meses, realizando ocasionalmente o *burping*.

Sugestão de consumo: *Substitua o xarope de Grenadine no Tequila Sunrise.*

XAROPES FERMENTADOS NA MIXOLOGIA

■ **Sobras de preparo de fermentados (no caso, sobras de kouso)**

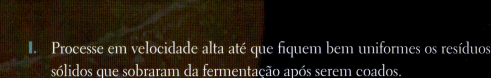

1. Processe em velocidade alta até que fiquem bem uniformes os resíduos sólidos que sobraram da fermentação após serem coados.

2. Em um tapete de silicone apropriado para o forno, espalhe uniformemente a pasta processada.

3. Leve ao forno preaquecido em temperatura mínima (no caso 140 °C) por duas horas ou até que, em um teste de toque, a preparação já esteja quase seca.

4. Deixe esfriando no forno desligado, semiaberto por 30 minutos.

5. Quando estiver fria o suficiente para manipular, retire a folha que se formou do tapete. A folha é comestível, terá o sabor semelhante ao do fermentado e pode ser dobrada, cortada, fazendo até mesmo dobras, rolos, perfeitos para a decoração de drinks, pratos e sobremesas.

6. Consuma imediatamente. Se quiser guardar na geladeira, conserve entre duas folhas de papel-manteiga. Ao utilizar, a folha possivelmente terá se reidratado, então deverá ser levada rapidamente ao forno para retirar a umidade.

7. Conserve na geladeira por até uma semana.

XAROPES FERMENTADOS NA MIXOLOGIA

PARA POTE DE 1,3L
- 1 kg de tomates maduros (993 g sem os "olhos" do tomate)
- 20 g de sal marinho
- 4 g de folhas de manjericão

1. Retire o olho dos tomates e corte-os em quatro, no sentido longitudinal.
2. Em um pote de vidro limpo e seco, pressione gentilmente os tomates para liberar o suco, evitando rasgar a pele.
3. Adicione o sal e as folhas de manjericão. Misture bem com as mãos.
4. Utilize um saco limpo, com água, para pressionar os tomates abaixo da superfície do líquido.
5. Tampe o pote e realize o *burping* uma a duas vezes ao dia ou utilize um pote com válvula de escape (chucruteira).
6. Uma vez ao dia, mexa a mistura para evitar a formação de mofo.
7. Entre quatro e sete dias, o preparo deverá estar pronto. A partir do quarto dia, comece a experimentar (análise sensorial), misturando antes, para avaliar o nível de acidez da mistura. Interrompa ao final de sete dias, levando-o à geladeira.

Processe o preparo todo junto para um suco denso na textura de um molho, ou coe para um suco mais claro e translúcido com sabor marcante de tomate. Se quiser, utilize as peles para fazer folhas comestíveis de tomate para a finalização de pratos ou drinques.

O fermentado pode ser usado no preparo de um Bloody Mary ao seu gosto.

Também é possível fazer esse mesmo preparo com beterraba. No caso, a beterraba não solta água o suficiente para cobrir todos os pedaços, então adicione água que baste para cobrir, retire a água, pese-a e some o peso das beterrabas descascadas, depois adicione 2% desse valor em sal. Repita o resto do processo como o anteriormente exposto.

- 80 g de malte Pilsen em grãos — ½ xícara
- 500 g de arroz glutaminoso — 2 ½ xícara
- 1,55 L de água — 6 ½ xícaras

1. Moa o malte de cevada para transformá-lo em farinha. Utilize um moedor manual ou a Thermomix (1 minuto/velocidade 10).

2. Lave bem o arroz em água corrente e deixe escorrer apenas inclinando a panela o máximo que der. Repita esse passo quantas vezes forem necessárias até que a água saia bem clara.

3. Adicione à panela 600 ml (2,5 xícaras) de água e achate com a mão a superfície do arroz para que fique plana.

4. Deixe o arroz descansar por 1 hora.

5. Tampe a panela e cozinhe em fogo médio-alto por 8 minutos ou até que o arroz comece a borbulhar.

6. Mexa com uma colher o fundo da panela para garantir que o arroz não esteja grudando no fundo. Depois, em fogo baixo, deixe mais 6 minutos até que o arroz esteja completamente cozido.

7. Retire do fogo, misture bem com uma colher, afofando o arroz.

8. Adicione 950 ml (4 xícaras rasas) de água morna (levemente aquecida no fogão, por volta de 40 °C), e agregue ao arroz quente. Ao adicionar a água, a mistura deve esfriar naturalmente até uns 60 °C. Acrescente a farinha de malte de cevada, misture bem e tampe a panela.

9. Deixe descansar por 1 hora. Nesse tempo, a temperatura deve cair sozinha até aproximadamente 49 °C. Em seguida, em fogo médio, aqueça por 2 minutos até que a temperatura volte a passar dos 60 °C, então imediatamente desligue o fogo.

XAROPES FERMENTADOS NA MIXOLOGIA

10. Tampe e deixe descansar por mais 1 hora. Repita o processo anterior, de hora em hora, mais quatro vezes, totalizando 6 horas de fermentação e mantendo sempre a temperatura entre 43 e 60 °C. Nesse ponto, a mistura já deve estar bem mais líquida e doce, e o arroz terá uma textura de papel molhado, pois o amido terá sido todo extraído.

11. Misture bem e, em seguida, posicione um coador sobre um recipiente que comporte mais de 2 L de líquido. Sobre esse coador, utilize um tecido voal ou coador, que aguente espremer o arroz fermentado. Transfira uma parte do arroz para esse tecido, deixe escorrer por tempo suficiente para que esfrie e possa ser manipulado com as mãos. Junte as pontas do tecido e esprema todo o líquido do preparo para dentro do recipiente. Repita o processo quantas vezes forem necessárias.

12. Descarte os sólidos (ou utilize para composta, fermento orgânico etc.)

13. Transfira o líquido para uma panela e ferva a mistura por 70 a 80 minutos, até que o líquido tenha reduzido para aproximadamente 1/3 de seu volume original e esteja com muitas bolhas pequenas na superfície.

14. Desse ponto em diante, mexa ocasionalmente com uma colher e ferva por mais 10 minutos ou até que as bolhas da superfície estejam com o dobro do tamanho e a viscosidade da mistura já possa ser observada. A temperatura deverá estar em torno de 93 a 104 °C.

15. Remova do fogo. A mistura deve estar viscosa, bem mais escura e com forte aroma adocicado. Ao retirar a colher de dentro, observe que uma lâmina vai permanecer grudada na colher. Isso indicará que está no ponto certo de viscosidade.

16. Caso passe desse ponto e a mistura endureça, adicione um pouco de água e aqueça novamente até que atinja o ponto desejado.

17. Deixe a mistura esfriar, armazene-a em um pote hermético, refrigerada, por até três meses.

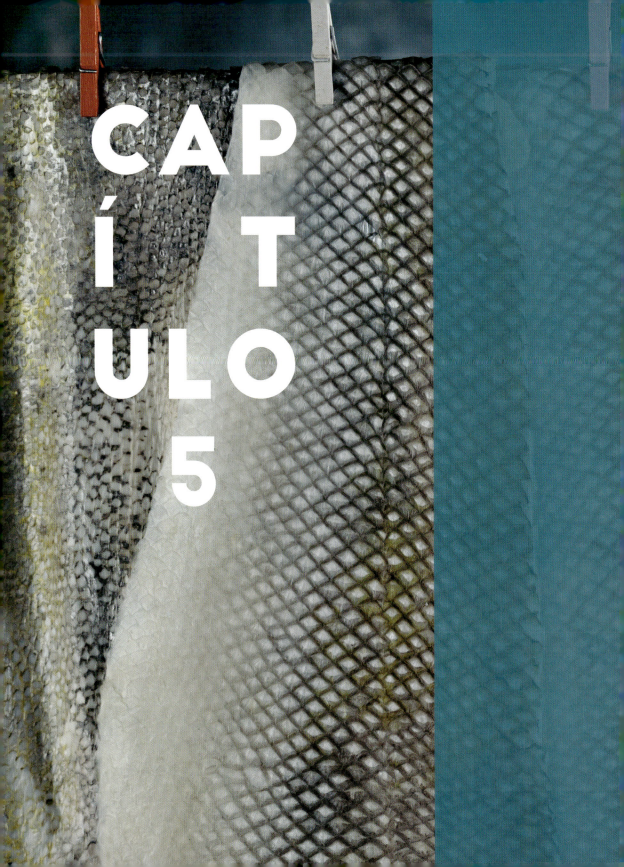

CAPÍTULO 5

PELES DE PEIXE

**LEONARDO MARS
DENIS DE PAULA**

O peixe é reconhecidamente um dos alimentos mais saudáveis, excelente fonte de proteína animal, rico em nutrientes, diversidade de texturas, sabores variados e de fácil digestibilidade.

No Brasil, onde tem aumentado a preferência pelo consumo do peixe filetado, normalmente o cliente descarta a pele quando consome a peça inteira ou em postas. Todavia, em algumas culturas alimentares, as peles de peixe são tradicionalmente consumidas com segurança e, em alguns casos, são iguarias bem populares.

Essa tendência do consumidor brasileiro nos levou a alguns questionamentos, que motivaram a proposição deste projeto.

É SEGURO COMER PELE DE PEIXE?

Algumas pessoas podem evitar a pele de peixe por medo de que não seja seguro comer. Mas isso é um mito alimentar, salvo situações específicas de contaminação, especialmente por mercúrio e outras toxinas, porque a pele retém esses agentes contaminantes.

Algumas espécies naturalmente apresentam menor teor de mercúrio, como o peixe-gato, bacalhau, linguado, badejo, salmão e a tilápia, por exemplo; outras apresentam maior probabilidade de retenção de metais pesados, como o tubarão, agulha e peixe-espada. Quando for consumir a pele do peixe, prefira os do primeiro grupo, pois são mais seguros para o consumo.

Em geral, se o peixe foi higienizado corretamente, mantido em temperatura adequada e teve suas escamas externas removidas, a pele oferece total segurança para o consumo alimentar humano. E até mesmo as escamas podem se transformar em alimentos seguros, desde que observadas as formas de higienização e preparo específicas.

Em resumo, a pele do peixe não apresenta riscos à saúde maiores que os de consumir a carne do peixe. Use diretrizes semelhantes para escolher a pele do peixe, como faria ao escolher os tipos de peixe para comer.

A PELE OFERECE ALGUMA PROPRIEDADE NUTRICIONAL?

O peixe é ótima fonte de proteína, um nutriente essencial que serve como blocos de construção de tecidos e músculos do corpo humano. As proteínas também podem contribuir para a saúde ideal, reduzindo o risco de certos distúrbios, como crescimento atrofiado, baixos níveis de ferro e inchaço. Além disso, algumas proteínas, como histonas e transferrina, desempenham um papel importante na imunidade. Muitas dessas proteínas estão presentes no muco da pele dos peixes.

O que poucos sabem é que a pele é a parte do peixe de maior concentração proteica, gorduras benéficas e baixo teor calórico. O perfil nutricional exato da pele do peixe varia significativamente, dependendo da espécie.

Comer a pele com a carne ajuda a consumir o máximo de nutrientes possível dos peixes. Ao descartar a pele, você perderá muitos nutrientes e óleos benéficos tanto da pele quanto dos encontrados no muco e nas camadas de carne logo abaixo da pele.

ALIMENTO RICO EM ÔMEGA 3 PROTETORES

Um dos benefícios mais conhecidos dos peixes gordurosos é o alto nível de ácidos graxos ômega 3 benéficos. O consumo dessas gorduras provenientes da pele de peixes oleosos pode contribuir para a saúde ideal, oferecendo maior proteção cardiovascular, gravidez saudável e risco reduzido de doenças neurológicas.

EXCELENTE FONTE NATURAL DE COLÁGENO

A pele de peixe se destaca pela concentração natural de colágeno e vitamina E.

O colágeno corresponde a 30% das proteínas do nosso corpo e é componente fundamental da estrutura muscular, dos tendões, elasticidade das artérias e tecidos epiteliais, formação dos ossos e cartilagens etc.

BASE DE CANAPÉ
DE PELE DE PEIXE

PELES DE PEIXE

- 400 g de pele de peixe (dourado, salmão ou bacalhau Gadus Morhua)
- 500 ml de água
- 300 ml de azeite extravirgem

1. Limpe as peles, raspe, remova os resíduos de carne e lave-as; em seguida, corte em tamanhos de aproximadamente 4 cm × 4 cm e reserve.
2. Em uma panela, coloque a água para ferver.
3. Coloque a pele na água fervente (uma a uma), retire-as rapidamente com uma escumadeira, estique em um aparador e reserve.
4. Em uma frigideira, coloque o azeite e aqueça até 180 °C.
5. Coloque um por um na fritura com o couro para cima.
6. O ponto de retirada é uma cor dourada forte. Cuidado para não deixar ficar marrom, esse ponto deixa o sabor amargo.

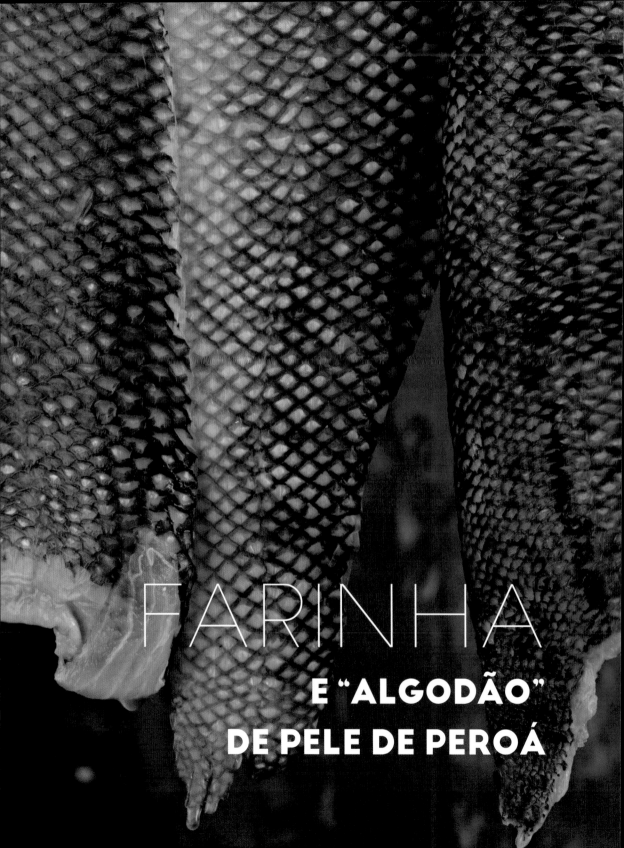

FARINHA
E "ALGODÃO"
DE PELE DE PEROÁ

PELES DE PEIXE

- 6 unidades de couros inteiros do peixe peroá.

1. Limpe as peles, raspe, remova os resíduos de carne e lave-as.
2. Coloque as peles em um tabuleiro antiaderente e leve ao forno a 180 °C por 2 horas. Atente para que as peles não fiquem escuras (marrom-escuro).
3. Ao tirar do forno, rasgue os couros, ou corte-os em pedaços com uma tesoura, para verificar se as peles estão crocantes e secas; se precisar, deixe mais tempo no forno até alcançar o ponto desejado. Espere esfriar.
4. Bata em um processador por aproximadamente 3 minutos. Observe que a pele fica com uma textura semelhante à do algodão; no fundo, resta a farinha extraída no processo.
5. Peneire e separe o "algodão de pele de peixe" da farinha.

COLÁGENO
DE PELE DE TILÁPIA

PELES DE PEIXE

- 4 unidades de peles de tilápia com as escamas
- 500 ml de água

1. Limpe as peles, raspe, remova os resíduos de carne e lave-as.
2. Em uma panela com água, coloque as peles para ferver por 1 hora em fogo médio.
3. Apague o fogo e aguarde 10 minutos.
4. O colágeno está líquido, pegue-o com uma concha e passe em uma peneira para retirar qualquer resíduo das peles de peixe.
5. Em seguida, coe o líquido (colágeno) em um pano dobrado, pelo menos duas vezes, para eliminar qualquer resíduo e escurecimento do colágeno.
6. Guarde em um pote de vidro limpo e seco, então reserve na geladeira para gelificar.
7. Após algumas horas refrigerado, percebe-se uma consistência de gelatina.

TORRESMO
DE PELE DE PEIXE

PELES DE PEIXE

- 300 g de pele de peixe (dourado, salmão ou bacalhau Gadus Morhua)
- 300 ml de azeite extravirgem
- Sal a gosto
- Pimenta-do-reino a gosto

1. Limpe as peles, raspe, remova os resíduos de carne e lave-as; em seguida, corte em tamanhos de 2 cm × 2 cm e reserve.

2. Em uma frigideira, coloque o azeite e aqueça até pelo menos 180 °C.

3. Frite as peles com uma distância entre elas, para que não grudem umas nas outras.

4. O ponto de retirada é uma cor dourada forte. Cuidado para não deixar ficar marrom, esse ponto deixa o sabor amargo.

5. Tempere com sal e pimenta.

Dica: *Outra opção é a pele de tainha com as escamas, pois elas ficam salientes e muito crocantes.*

PELES DE PEIXE

- 300 g de couve-flor
- 200 g de creme de leite UHT (caixinha)
- 200 g de camarão limpo
- Sal a gosto
- Pimenta-do-reino
- 10 ml de azeite extravirgem
- 1 dente de alho pequeno descascado
- ½ maço de coentro fresco
- 30 g de amendoim torrado sem pele e sem sal
- 30 g de queijo parmesão ralado
- 20 unidades de bases de canapés de dourado (ver receita na pág. 76)

CREME DE COUVE-FLOR

1. Lave a couve-flor, corte em pedaços menores, coloque-as para ferver até ficarem *al dente*, então escorra.

2. Em um aparador, pique a couve-flor.

3. Em um recipiente, misture a couve-flor picada e o creme de leite (vá dosando para não encharcar muito de creme de leite).

4. Tempere com sal e pimenta a gosto e reserve na geladeira.

CAMARÕES

1. Tempere os camarões com sal e pimenta a gosto, leve-os ao fogo na frigideira com um fio de azeite.

2. Após colocar o último camarão, comece a virá-los pelo primeiro que entrou na cocção. O processo de retirada da frigideira é o mesmo; retire do primeiro que entrou na cocção até o último.

3. Assim, eles devem ficar bem tenros e cozidos. Reserve.

PESTO

1. Lave, seque as folhas de coentro, e descasque o alho.

2. Em um processador coloque o coentro, amendoim, alho, queijo parmesão e parte do azeite, e processe.

3. Finalize com sal a gosto (cuidado, o queijo faz a diferença no sal).

4. Coloque o pesto em um vidro esterilizado, cubra com mais azeite e feche bem, guarde na geladeira.

MONTAGEM

Pegue a base do canapé, coloque uma colher (sobremesa) de creme de couve-flor, por cima um camarão e, por fim, o pesto.

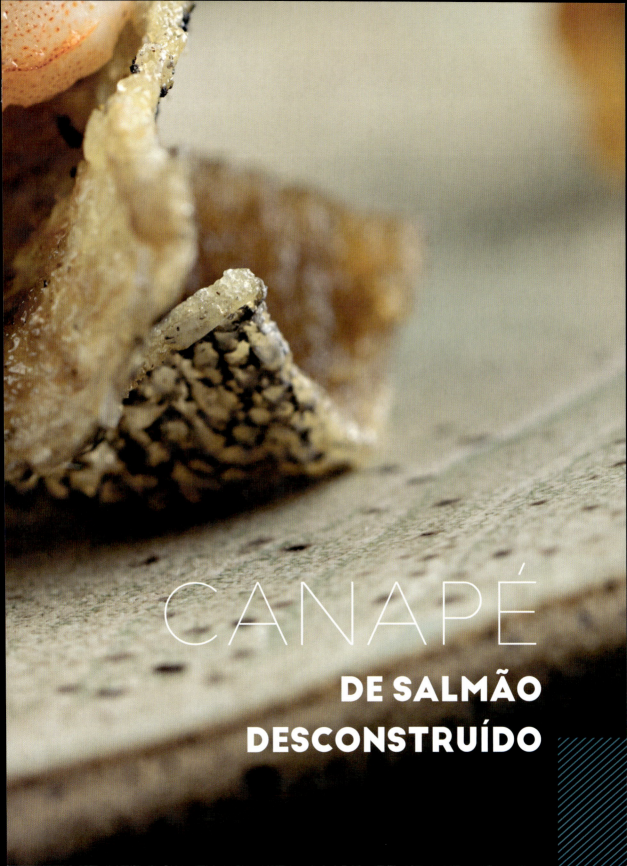

CANAPÉ
DE SALMÃO DESCONSTRUÍDO

- 300 g de filé de salmão fresco
- 50 g de cebola roxa
- ½ maço de coentro fresco
- 10 ml de azeite extravirgem
- Sal a gosto
- Pimenta-do-reino
- 20 bases de canapés de salmão (ver receita na pág. 76)

1. Corte o filé de salmão em cubos de 1 cm, de forma que fiquem por igual, e reserve.

2. Pique a cebola e o coentro (separados) e reserve.

3. Misture o salmão, o coentro, a cebola e o azeite, finalize com sal e pimenta-do-reino a gosto, e reserve.

MONTAGEM

Sobre a base do canapé, disponha uma colher (sobremesa) de tartar de salmão e um broto de coentro para finalizar.

CAÇÃO
EMPANADO COM FARINHA DE PELE DE PEIXE

- 300 g de cação fresco
- Sal a gosto
- Pimenta-do-reino
- 100 g de farinha de trigo
- 1 ovo
- 100 g de farinha de pele de peixe (ver receita na pág. 78)
- 50 ml de azeite extravirgem

1. Corte o cação em bifes bem finos, tempere com sal e pimenta a gosto e reserve.
2. Passe o cação na farinha de trigo, no ovo batido (sem tempero) e, por fim, na farinha de pele de peixe.
3. Aqueça a frigideira antiaderente com um fio de azeite e coloque os bifes para grelhar.
4. Sirva quente com o molho de sua preferência.

BOLINHO

DE PELE DE PEIXE

- 250 g de batata asterix
- 50 g de cebola
- ½ maço de salsa
- 150 g de "algodão" de pele de peroá (ver receita na pág. 78)
- 1 ovo
- Sal
- Pimenta-do-reino
- Noz-moscada em pó
- 400 ml de azeite extravirgem

1. Lave as batatas e coloque-as para ferver com a casca.
2. Espete as batatas; se estiverem macias e soltando da faca, tire-as do cozimento e remova as cascas. Imediatamente, passe pelo amassador de batatas e reserve.
3. Pique a cebola e a salsa (separados) e reserve.
4. Misture a batata, o "algodão" de pele de peixe, a cebola, a salsa e o ovo.
5. Acerte o sal, a pimenta e a noz-moscada.
6. Em seguida, faça bolinhos pequenos e reserve.
7. Aqueça o azeite a 180 °C e frite os bolinhos.

BISQUE
DE COLÁGENO DE TILÁPIA COM CAMARÃO

- 500 g de camarão fresco
- Sal a gosto
- Pimenta-do-reino
- 10 ml de azeite extravirgem
- 100 g de cebola
- 20 ml de vinho branco
- 100 g de colágeno de tilápia (ver receita na pág. 80)
- 300 g de creme de leite (caixinha)
- ½ maço de coentro fresco

CALDO DE CAMARÃO

1. Limpe o camarão, tempere com sal e pimenta-do-reino, reserve na geladeira.
2. Lave bem as cascas e cabeças do camarão em água corrente e deixe escorrer.
3. Coloque um fio de azeite em uma panela, refogue as cebolas sem deixá-las escurecer, coloque as cascas e cabeças reservadas, cubra com água (dois dedos acima das cascas), deixe em fogo brando até que o líquido reduza em 50%.
4. Coe e reserve.

PELES DE PEIXE

BISQUE

1. Pique a cebola e reserve.
2. Em uma panela com um fio de azeite, refogue rapidamente o camarão em fogo baixo (para que não passe do ponto).
3. Na mesma panela, coloque outro fio de azeite e refogue a cebola, adicione o vinho branco e deixe o álcool evaporar. Em seguida, adicione duas conchas de caldo de camarão e o colágeno. Tão logo aqueçam, retire a panela do fogo e passe tudo no mixer.
4. Junte o creme de leite e passe a mistura no mixer novamente. Acerte o sal e a pimenta.
5. Leve ao fogo brando por mais 5 minutos.
6. Sirva com camarões e o coentro.

Dica: Caso o creme de leite talhe, passe no mixer novamente para ele voltar a ficar homogêneo.

MOUSSE
DE COLÁGENO COM COENTRO

- 150 g de colágeno (ver receita na pág. 80)
- ½ maço de coentro

1. Coloque em um recipiente com abas altas (bowl ou tigela) o colágeno e o coentro.
2. Deixe o colágeno em temperatura ambiente, ele precisa estar com uma consistência menos rígida.
3. Separe um recipiente com bastante gelo.
4. Coloque o recipiente de colágeno dentro do pote com gelo para que esfrie o colágeno.
5. Bata com o mixer de modo que a hélice fique parte dentro do líquido e parte fora; assim, a preparação fica aerada.
6. Quando a mousse ganhar consistência (aerado e firme) suficiente, coloque-a imediatamente na geladeira.

Cuidado: *A preparação é sensível a temperaturas. O ideal é que, na finalização de um prato, seja a última coisa a ser colocada. Sirva imediatamente.*

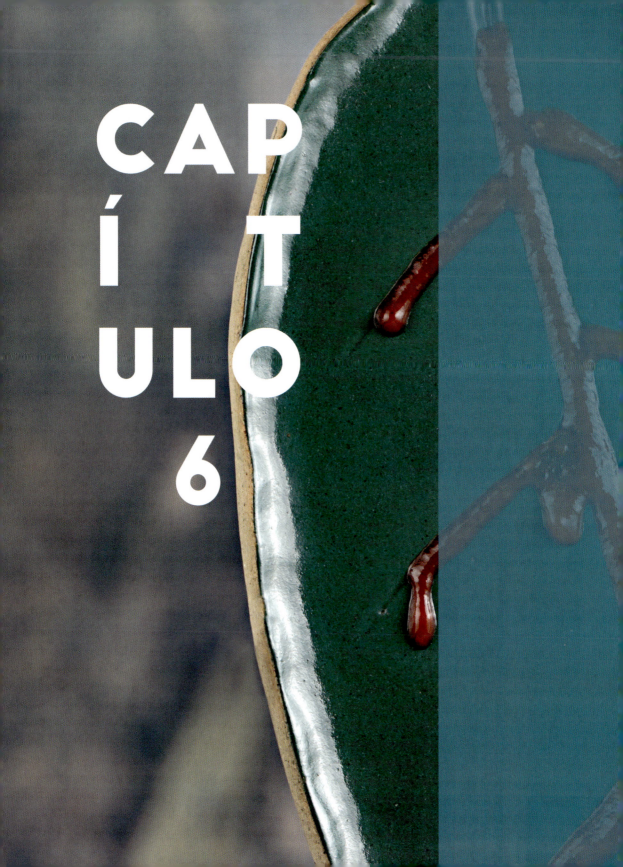

CAPÍTULO 6

EMULSÕES DE COLÁGENO

THIAGO ROSSI
DIOGO NOBRE

O colágeno, que é uma proteína de suma importância, representa 30% de toda a matéria orgânica no nosso corpo e 60% de todas as proteínas.

Muito antes de sabermos qualquer coisa sobre ele, já comíamos e alterávamos nossos corpos, que estavam sendo preparados para um salto evolutivo. Precisávamos ingerir uma grande quantidade de comida para obter as calorias necessárias. Éramos uma máquina pouco eficiente.

Desde que passamos a cozinhar nossa comida, conseguimos alimentos mais moles, de melhor digestão e maior capacidade energética, suprindo nossas necessidades calóricas de maneira muito mais eficaz.

Uma das evidências da importância do cozimento são os fósseis do *Homo erectus*, que foram encontrados e que confirmam a diminuição do trato digestivo e dos dentes na mesma época do aumento do cérebro.

Ao cozinhar, conseguimos um ganho não só em calorias, mas também em nutrientes com pouca ou nenhuma disponibilidade até então. E o colágeno foi um desses nutrientes.

Durante o cozimento, ele é quebrado em pedacinhos menores, transformando o colágeno nativo em colágeno parcialmente hidrolisado, este mais adequado ao nosso consumo.

O colágeno nos deu ossos mais leves e melhores articulações. Com menos peso, houve um menor consumo de energia e essas calorias extras foram liberadas para outras partes do nosso corpo, como o cérebro.

Ele é uma fonte de proteína saudável que pode ser liquefeita pelo cozimento e transformada em gel. Mas de onde vem?

Sabe aquele pernil ou joelho de porco que cozinhou bem devagar e o caldo do fundo esfriou, formando uma espécie de gelatina? Essa gelatina é o colágeno e estamos quase chegando à melhor parte! Você vai ver como usar esse ingrediente de maneiras incríveis!

A maioria das gelatinas e dos colágenos disponíveis no mercado é de origem suína, extraída de couro e ossos, mesmo o colágeno hidrolisado que encontramos em suplementos. Então, preste atenção na origem se isso for um problema para sua dieta.

Esse gel, obtido pelo cozimento lento, pode ser usado na gastronomia de formas muito interessantes tanto em doces quanto em salgados, molhos, embutidos cárneos, para maior suculência e menor teor de gordura, até como gelificante em receitas clássicas.

E por falar nos clássicos... Em momentos de menor fartura de alimentos da nossa história, fomos forçados a evitar os desperdícios com muita criatividade. Então, era essencial usar todas as partes dos animais abatidos, inclusive couro e cartilagens, e o mais disponível era o porco ou seu ancestral, o javali.

Preparos como o xara, patê en croûte, torta de porco e coppa di testa são exemplos que nasceram da necessidade de se aproveitar tudo, e agora alçam o patamar de iguarias muito desejadas.

Demi-glace e bacalhau al pil pil são exemplos de pratos que usam o colágeno para encorpar seu molho. E, é claro, não podemos esquecer o pé de porco em nossa amada feijoada!

EMULSÕES DE COLÁGENO

Aqui, já demos um salto em nossa história. Deixamos de consumir colágeno pelo simples fato de estar disponível, e hoje compreendemos suas propriedades, aplicações, explorando toda a sua versatilidade em texturas, sabor e, por incrível que pareça, uma leveza surpreendente.

São inúmeras as possibilidades de como usar essa maravilhosa gelatina e sua memória, ou seja, aplicando a técnica correta ela retorna à forma desejada.

Imagine um doce livre de culpa e um embutido mais saudável. Que tal uma mousse bem leve, sem leite e derivados, superproteica, sem gordura, sem açúcar e deliciosa? E, quem sabe, uma mortadela com metade da gordura e mais suculenta que a tradicional? Será possível?

SIM! É exatamente isso e muito mais. Podemos fazer coisas incríveis quando aprendemos a manipular o colágeno e suas propriedades. Podemos pegar o que era um ingrediente de apoio com características muito especiais e transformá-lo na estrela do prato.

Senhoras e senhores, apresentamos em quatro incríveis receitas o fantástico colágeno!

EXTRAÇÃO
DO COLÁGENO

EMULSÕES DE COLÁGENO

- 2 pés de porco (aproximadamente 500 g)
- Bicarbonato de sódio

1. Em uma panela de pressão, coloque os pés de porco e água até cobrir.
2. Deixe ferver por aproximadamente 30 minutos. Nesse tempo, com ajuda de uma escumadeira, remova a espuma produzida, como se estivesse clarificando a manteiga.
3. Tampe a panela de pressão e cozinhe por 1 hora após começar a apitar.
4. Peneire todo o conteúdo. Coloque de volta o caldo na panela para reduzir a quantidade de água.
5. Quando o caldo ficar pegajoso e formar um "fio" entre os dedos, retire da panela e pese. Adicione 2,5% de bicarbonato de sódio e cozinhe em fogo baixo por mais 15 minutos.
6. Filtre o caldo com ajuda de uma peneira e um tecido de algodão. Nesse ponto, o colágeno está finalizado e pode ser congelado.

Rendimento aproximado de 125 g de gelatina de colágeno de porco.

MORTADELA

TIPO BOLOGNA LIGHT

EMULSÕES DE COLÁGENO

- 312,5 g de gelo de vinho (25%)
- 500 g de pernil magro (40%)
- 187,5 g de gordura incorporada (15%)
- 62,5 g de gordura em cubos (5%)
- 250 g de colágeno suíno (20%)

TOTAL: 1.312,5 g

SAL E TEMPEROS

- 6,56 g de farinha de beterraba (0,5%)
- 6,56 g de alho em pó (0,5%)
- 3,28 g de coentro em grãos tostados e moídos (0,25%)
- 3,28 g de pimenta-do-reino em pó (0,25%)
- 1,64 g de noz-moscada em pó (0,125%)
- 1,64 g de louro em pó (0,125%)
- 13,12 g de sal (1%)
- 3,28 g de açúcar (0,25%)
- 65,62 g de leite em pó (5%)

1. Coloque o vinho em fôrmas de gelo e leve ao freezer.
2. Passe o pernil e a gordura separadamente pelo moedor, depois incorpore os dois. Esse método facilita o processador de alimentos na hora da emulsão. Leve ao freezer até quase ficar congelado.
3. Corte a gordura reservada em cubos de 0,5 cm e reserve.
4. Em um processador, junte a carne, o colágeno, a farinha de beterraba, os temperos, o sal e açúcar.
5. Comece a processar e faça medições constantes da temperatura; sempre que atingir 5 °C, adicione o gelo de vinho. Divida o gelo em três porções.
6. Na última adição de gelo, junte a gordura e processe até chegar a 10 °C.
7. Junte o leite em pó e processe o bastante para emulsionar, mas não deixe passar de 15 °C. Leve à geladeira novamente para esfriar antes de embutir.
8. Embuta a massa em fundo bovino e amarre bem as pontas.
9. Cozinhe a 75 °C até que o centro atinja 66 °C e mantenha por 40 minutos.
10. Resfrie imediatamente em banho-maria invertido e leve à geladeira.

MOLHO
DE QUEIJO LIGHT COM COLÁGENO

- 100 g de ovo
- 25 ml de suco de limão
- 10 g de vinagre de maçã
- 200 g de colágeno
- 75 g de queijo pecorino
- 300 ml de azeite de oliva
- 3 g de pimenta-preta moída na hora
- 2 g de sal
- 25 g de relish de pepino
- 10 g de mostarda
- 5 g de cebola em pó
- 5 g de alho em pó

1. Em um liquidificador, junte os ovos, o suco de limão, o vinagre, o colágeno e o queijo.

2. Bata para homogeneizar os ingredientes e, em seguida, comece a adicionar o azeite em fio. Escolha um azeite com sabor mais neutro possível.

3. Transfira para um bowl e adicione os demais ingredientes, incorporando com delicadeza. Mantenha na geladeira até servir.

MOLHO
DE PIMENTÃO

- 500 g de pimentão vermelho
- 500 g de pimentão amarelo
- 200 g de colágeno
- 50 ml de vinagre balsâmico
- 50 ml de azeite
- 10 g de sal
- 1,5 g de pimenta calabresa
- 1,5 g de pimenta-branca moída
- 50 g de melaço
- 150 g açúcar refinado

1. Asse os pimentões até tostar por fora. Retire as sementes e as partes brancas do interior dos pimentões.
2. Bata todos os ingredientes, menos o açúcar, no liquidificador até obter um caldo homogêneo. Peneire e reserve.
3. Em uma panela, coloque o açúcar e faça uma calda em ponto de bala mole (entre 116 °C e 125 °C).
4. Despeje o caldo reservado na calda e mexa até reduzir entre 20% e 30%.
5. Deixe esfriar e guarde na geladeira.

MOLHO
DE FRUTAS VERMELHAS

- 150 g de amora
- 150 g de mirtilo
- 150 g de morango
- 15 g de alecrim
- 100 g de colágeno de porco
- 20 g de mel
- Sal
- Pimenta-do-reino moída na hora

1. Bata a amora, o mirtilo e o morango até obter um purê e leve ao fogo em uma panela.
2. Deixe reduzir um pouco em fogo baixo, aproximadamente por 10 minutos.
3. Pique o alecrim até ficar bem pequeno.
4. Transfira o purê de frutas vermelhas para um bowl e adicione o alecrim, o colágeno, o mel, o sal e a pimenta.
5. Coloque outro bowl por baixo desse com um pouco de água e gelo.
6. Com ajuda de um mixer, bata essa mistura até obter um pouco de ar.
7. O molho não pode ter muita estrutura.

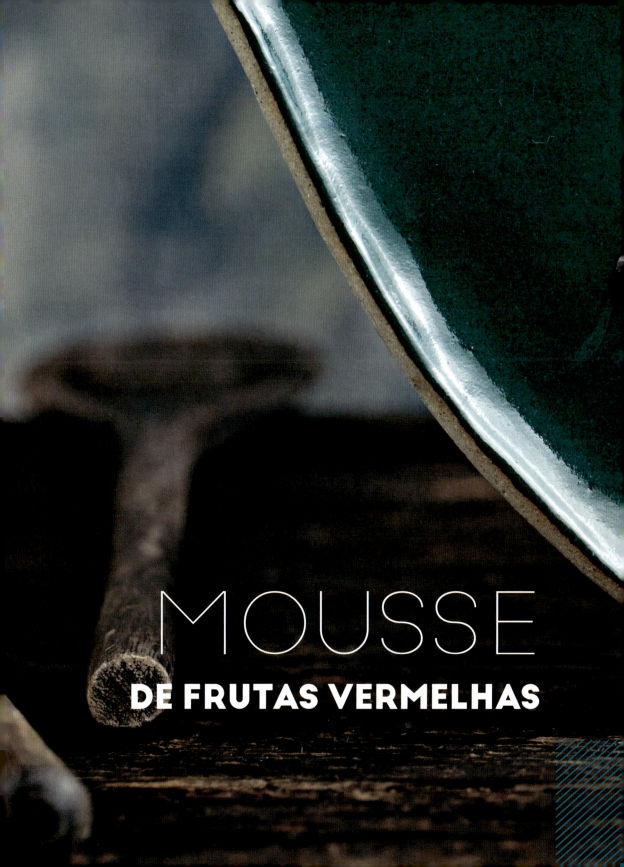
MOUSSE
DE FRUTAS VERMELHAS

- 150 g de amora
- 150 g de mirtilo
- 150 g de morango
- 100 g de colágeno de porco
- 75 g de mel
- Sal

1. Bata a amora, o mirtilo e o morango até obter um purê e leve ao fogo em uma panela.
2. Adicione o açúcar e deixe reduzir um pouco em fogo baixo, aproximadamente por 10 minutos.
3. Transfira o purê de frutas vermelhas para um bowl e adicione o colágeno.
4. Coloque outro bowl por baixo desse com um pouco de água e gelo.
5. Com ajuda de um mixer, bata essa mistura até obter estrutura.

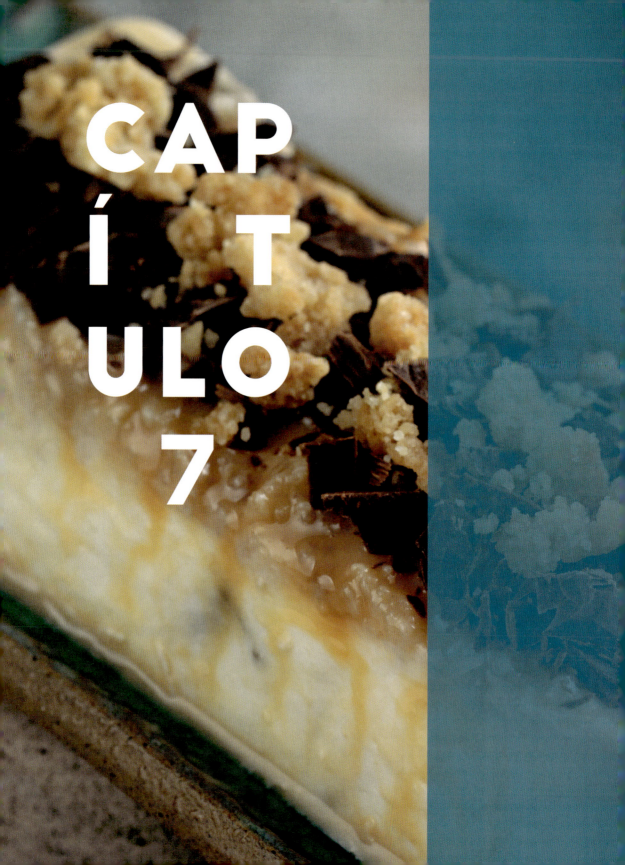

CAPÍTULO 7

A DOÇURA DAS TERRINES

JORGE LOPES
PALOMA CALCISCOV BARBARA

Terrine é a sintetização de um clássico da cozinha francesa, conhecido como *paté en terrine*, que é uma mistura de *farce* (massa) assada em fôrma de argila com tampa. Seu nome é uma derivação do material originalmente utilizado na fabricação da fôrma, argila não esmaltada ou terracota.

Atualmente, as fôrmas de terrine são produzidas com diferentes materiais, como aço inoxidável, alumínio, cerâmica, ferro esmaltado, plástico refratário ou argila esmaltada. Elas são mais duráveis e higiênicas do que as de argila não esmaltada preferidas pelos charcuteiros do passado. As fôrmas também apresentam diversos modelos, podendo ser triangulares, meio-cilíndricas e trapezoides. Terrines menores, com metade ou um terço do tamanho das fôrmas tradicionais, são cada vez mais comuns. Elas exigem mais tempo e precisão e são mais difíceis de executar, demonstrando assim o nível de habilidade do chef. Tradicionalmente, as terrines eram servidas na fôrma. Hoje em dia, é mais comum servi-las em fatias. Neste capítulo apresentamos uma variação dessas terrines: as terrines doces.

TERRINE
BANOFFEE

A DOÇURA DAS TERRINES

CRUMBLE

- 30 g de farinha de trigo
- 30 g de açúcar refinado
- 1 pitada de sal
- 0,5 g de extrato de baunilha
- 30 g de manteiga sem sal

1. Em uma tigela, junte a farinha, o açúcar, o sal, a baunilha e a manteiga gelada cortada em cubos. Com a ponta dos dedos, amasse até virar uma farofa.

2. Forre a assadeira com tapete de silicone ou papel-manteiga e leve ao forno a 170 °C até dourar; se necessário, mexa no meio do processo. Reserve.

CREME

- 500 g de creme de leite fresco
- 24 g de gelatina em pó
- 3 unidades de banana nanica

1. Aqueça o creme de leite fresco em fogo baixo, até atingir 70 °C.
2. Hidrate a gelatina com água e misture ao creme até que ela se dissolva totalmente.
3. Corte as bananas em cubos e misture ao creme com a gelatina.

DOCE DE LEITE

- 1 lata de leite condensado

1. Coloque a lata de leite condensado em uma panela de pressão e cubra com água, dois dedos acima da lata.
2. Após a panela atingir a pressão, abaixe o fogo para o mínimo e deixe por 20 minutos.

A DOÇURA DAS TERRINES

3. Deixe a pressão sair normalmente da panela, retire a lata e deixe esfriar antes de abrir. Reserve.

DECORAÇÃO

50 g de chocolate meio amargo em barra.

MONTAGEM

1. Forre a fôrma de terrine com plástico-filme e coloque o creme com as bananas, acrescente colheradas de doce de leite e uma parte do crumble.

2. Leve à geladeira até que fique firme e possa desenformar. Decore com o restante do crumble e com raspas de chocolate.

TERRINE
DE RABANADA

A DOÇURA DAS TERRINES

RABANADAS

- 100 g de amêndoas laminadas e torradas
- 1 canela em pau
- ½ colher (café) de erva-doce
- 1 pão para rabanada
- 6 ovos
- 1 L de leite integral
- 395 g de leite condensado
- 600 ml de óleo

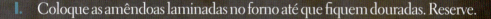

1. Coloque as amêndoas laminadas no forno até que fiquem douradas. Reserve.
2. Ponha a canela e a erva-doce em papel laminado, feche, disponha sobre uma frigideira e leve ao fogo baixo até que os aromas se soltem. Reserve.
3. Corte os pães em fatias médias e reserve.
4. Em uma tigela, bata os ovos até ficar uma mistura homogênea.
5. Em outra tigela, misture o leite, o leite condensado, a canela e a erva-doce. Passe por uma peneira.
6. Em uma frigideira antiaderente, aqueça o óleo em fogo baixo.

7. Coloque as fatias de pão imersas na mistura de leite, leite condensado, canela e erva-doce, aos poucos, por mais ou menos 30 segundos. Retire e deixe escorrer o excesso.

8. Passe as fatias pelos ovos batidos e leve-as à frigideira aquecida. Deixe dourar cada lado, retire e coloque no papel-toalha para absorver a gordura. Deixe esfriar.

CREME INGLÊS

- 300 g de leite integral
- 4 gemas de ovo
- 50 g de açúcar
- ½ fava de baunilha (só as sementes)
- 18 g de gelatina em pó
- 5 g de canela em pó
- 5 g de erva-doce

1. Coloque todos os ingredientes na Thermomix, ajuste para 6 minutos/80 °C/velocidade 5.

2. Hidrate a gelatina conforme as instruções da embalagem e adicione-a ao creme inglês quando a Thermomix atingir 70 °C. Reserve.

A DOÇURA DAS TERRINES

MONTAGEM

1. Em uma fôrma tipo terrine, unte com um pouco de azeite e forre com plástico-filme.
2. Faça camadas alternadas de creme inglês e rabanadas.
3. Leve à geladeira para que adquira firmeza e possa ser desenformada.
4. Decore com as amêndoas laminadas.

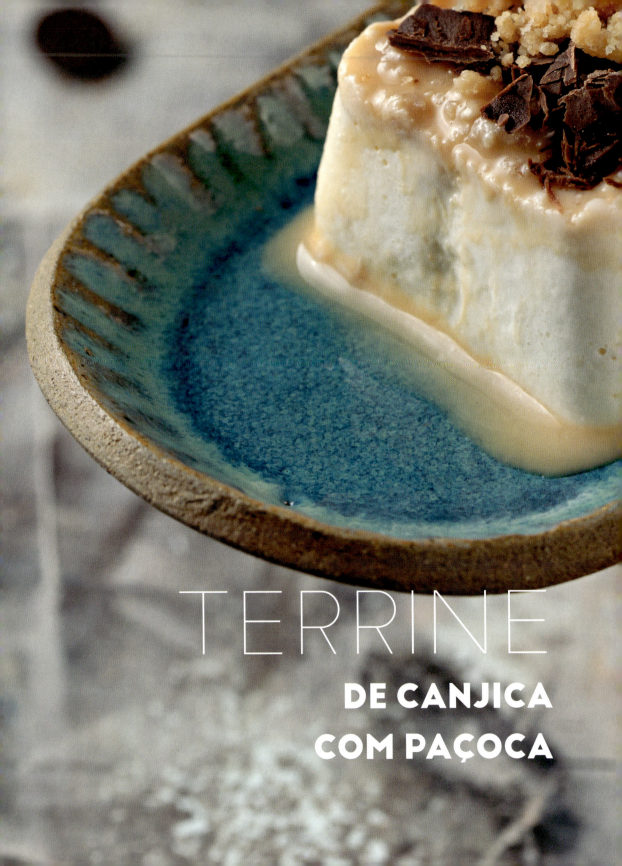

TERRINE

DE CANJICA COM PAÇOCA

A DOÇURA DAS TERRINES

CANJICA

- 330 g de canjica
- 2 canelas em pau
- 3 cravos-da-índia
- 200 ml de leite de coco
- 200 g de açúcar
- 2 cocos secos
- 24 g de gelatina em pó

1. Coloque os grãos de molho por no mínimo 6 horas, escorra e coloque para cozinhar na panela de pressão com a canela e o cravo, com quatro dedos de água acima dos grãos.

2. Após a panela atingir a pressão, abaixe o fogo para o mínimo e deixe cozinhar por 25 minutos.

3. Deixe sair a pressão da panela, verifique o cozimento e escorra a água.

4. Acrescente o leite de coco, o açúcar e deixe os sabores apurarem; por último, adicione coco processado.

5. Dilua a gelatina em água fria e adicione a canjica, que deve estar acima de 70 °C.

6. Bata com um fouet para que ela se dissolva.

PAÇOCA

- 125 g de amendoim torrado sem casca
- 50 g de açúcar
- 1,5 g de sal

1. Coloque o amendoim na Thermomix e triture por 5 segundos/velocidade 10.

2. Limpe com uma espátula o que ficou nas paredes do copo, adicione o açúcar, o sal e bata por mais 3 segundos/velocidade 7.

3. Coloque a paçoca entre dois sacos plásticos e, com ajuda de um rolo de massa, abra na espessura de 2 mm.

4. Corte duas placas no formato da terrine, porém com alguns centímetros menor para que não haja sobras expostas depois da montagem.

5. Leve ao congelador para que fique bem consistente e facilite a manipulação durante a montagem.

A DOÇURA DAS TERRINES

ESPUMA DE CANJICA

- 185 g de canjica
- 185 g de leite de coco
- 8 g de emustab
- 1 cápsula de gás de óxido nitroso
- 1 colher (café) de canela em pó

1. Bata a canjica já cozida com o leite de coco, coe, adicione o emustab e bata com o mixer até ficar bem cremoso e adquirir consistência.

2. Coloque no sifão, dê uma carga de gás e deixe em geladeira por 20 minutos para, em seguida, fazer a espuma.

3. Decore com canela em pó.

LEITE DE COCO

1. Extraia toda a água dos cocos e leve ao forno a 170 °C por 20 minutos.
2. Retire o coco do forno e quebre-o com um martelinho para que a carne se solte.
3. Reserve um dos cocos.
4. Bata o outro coco com água quente na mesma proporção.
5. Separe 600 ml do leite de coco e reserve.

COCO DOURADO

1. Coloque o coco reservado, aos pedaços, em um processador de alimentos e processe.
2. Separe metade do coco para a canjica e espalhe o restante em um tabuleiro, sem untar.
3. Leve ao forno a 160 °C até dourar.

MONTAGEM

1. Forre a fôrma de terrine com plástico-filme, adicione 1/3 da canjica, coloque uma das placas de paçoca, cubra com outro terço de canjica, outra placa de paçoca e o restante da canjica.
2. Leve à geladeira até adquirir consistência para desenformar.
3. Decore com a espuma de canjica e com o coco processado que foi levado ao forno.

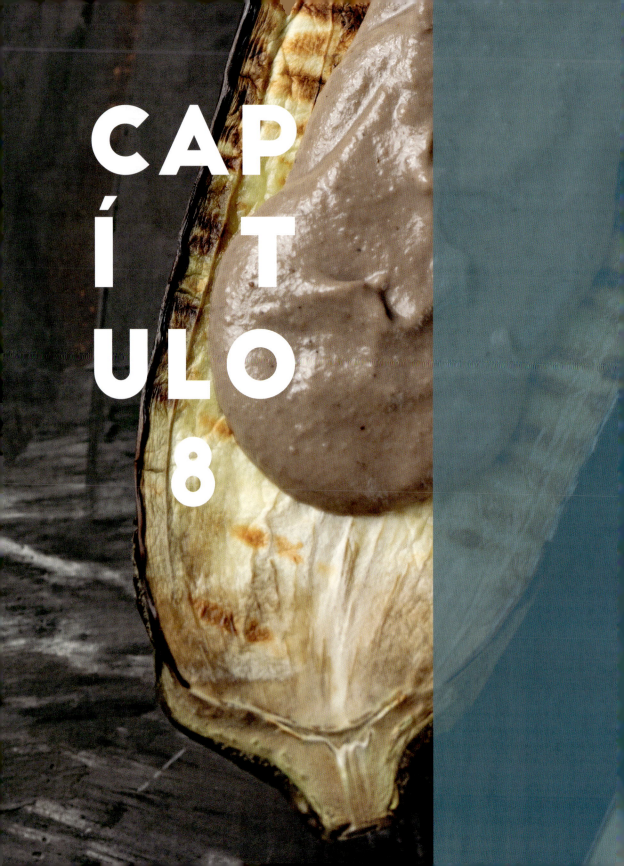

CAPÍTULO 8

PROTAGONISMO DA HORTA

IAN EQUI NEVES
LUCAS MIGNOT

Durante muitos anos, a gastronomia mundial direcionou todos os seus esforços criativos para as proteínas animais, fazendo delas alimentos nobres. Assim, os vegetais foram relegados ao lugar de acompanhamento ou até de alimentos menosprezados.

Por outro lado, a agricultura tem padronizado cada vez mais as produções e diminuído drasticamente a variedade de vegetais disponíveis para o consumo alimentar.

Neste capítulo, buscamos nos aprofundar nas melhores técnicas e em suas aplicações nos mais diversos vegetais, dando a eles o merecido destaque e criando, desse modo, novas preparações para o consumo.

DEMI-GLACE

DA TERRA

PROTAGONISMO DA HORTA

- 2 kg de cebola
- 500 g de batata yacon
- 200 g de cogumelo portobello
- 3 L de caldo de legumes
- 50 g de óleo de coco sem sabor

1. Preaqueça o forno a 200 °C.
2. Corte as cebolas ao meio e coloque-as em uma assadeira, com as cascas viradas para cima.
3. Leve as cebolas ao forno.
4. As cebolas devem assar até ficarem com as cascas marrom-escuras e o interior macio. Se for preciso, reduza a temperatura no meio do cozimento; isso leva aproximadamente 1,5 hora.
5. Após, retire as cascas que estiverem queimadas.
6. Rale a batata yacon e reserve.
7. Em uma panela alta, junte as cebolas assadas, os cogumelos, a batata e cubra com o caldo.
8. Leve para cozinhar em fogo baixo, com a panela semitampada, até reduzir o caldo pela metade.

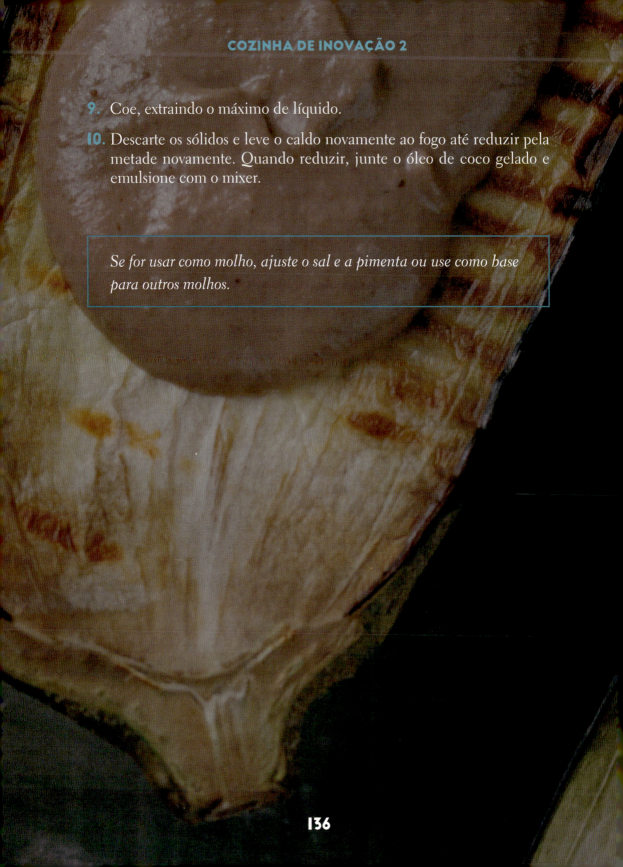

COZINHA DE INOVAÇÃO 2

9. Coe, extraindo o máximo de líquido.

10. Descarte os sólidos e leve o caldo novamente ao fogo até reduzir pela metade novamente. Quando reduzir, junte o óleo de coco gelado e emulsione com o mixer.

> *Se for usar como molho, ajuste o sal e a pimenta ou use como base para outros molhos.*

MOUSSELINE
DE BERINJELA

- 100 g de castanha de caju
- 6 berinjelas grandes
- 2 ramos de tomilho
- 4 ramos de salsa
- 50 ml de azeite extravirgem
- 4 dentes de alho
- Sal
- Pimenta-do-reino

1. Coloque as castanhas de caju de molho por 24 horas.
2. Separe as cascas da berinjela, mas mantenha uma parte da polpa. Descarte totalmente as sementes.
3. Coloque em um saco a vácuo as cascas da berinjela e a polpa, com os ramos de tomilho e salsa, o azeite e os dentes de alho.
4. Cozinhe no *sous vide* por 60 minutos a 80 °C.
5. Escorra a água e bata as castanhas com ½ xícara de água fervente até formar uma pasta grossa.
6. Tire a berinjela do *sous vide*, descarte os ramos de salsa e tomilho e bata na Thermomix por 5 minutos.
7. Passe o purê em uma peneira fina e tempere com sal e pimenta-do-reino.
8. Leve ao fogo por 2 minutos e sirva.

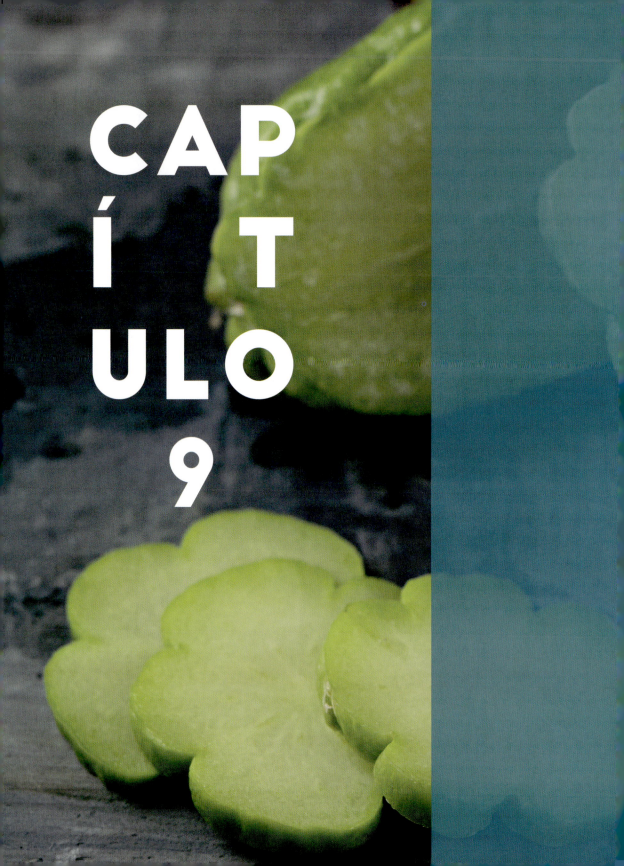
CAPÍTULO 9

EQUIPAMENTOS MODERNOS NO PREPARO DE VEGETAIS

LUCIO SALGUEIRO
TAIENE ALBUQUERQUE DE QUEIROZ
WILL SOUSA

Na gastronomia, a temperatura e o tempo são os maiores aliados, assim como os maiores inimigos. Trabalhar com essas variantes possibilita pesquisas por novas criações. No mundo dos vegetais temos uma variedade imensa, incalculável. Sabemos que existe a sazonalidade de cada grupo, mas também o *terroir*, que determina ao vegetal cor, textura, sabor e suculência. O tomate, por exemplo, dependendo da região e da colheita, afere uma acidez ou doçura maior, com peles finas, verdes ou bem avermelhadas.

Os vegetais têm sido cada vez mais considerados nas refeições diárias, seja por uma preocupação mundial com o meio ambiente, seja pela busca de uma alimentação melhor.

Sabemos que em preparos caseiros usuais temos perdas nutricionais, de coloração e, até mesmo, dificuldade maior de garantir o sabor do insumo. Logo, com as variáveis da gastronomia a nosso favor, neste capítulo aplicaremos técnicas com equipamentos como Pacojet, Gastrovac e Thermomix para elevar o nível potencial da transformação e manutenção do sabor, do aroma e da textura de cada elemento vegetal.

CUPCAKE
DE PIMENTÃO COM JABUTICABA
THERMOMIX + FORNO COMBINADO

EQUIPAMENTOS MODERNOS NO PREPARO DE VEGETAIS

- 180 g de farinha de arroz
- 3 colheres (sopa) de amido de milho
- 150 g de manteiga
- 210 g de açúcar refinado
- 5 ovos
- 150 ml de leite integral
- 1 colher (chá) de fermento em pó
- 1 pimentão amarelo (300 g)
- 100 g de limão-taiti
- 200 g de laranja-baía
- 1 pitada de canela em pó
- 20 g de uva-passa sem caroço
- 50 ml de rum
- 100 ml de creme de leite fresco
- 50 ml de geleia de jabuticaba
- 10 g de sal refinado

CUPCAKE

1. Peneire a farinha de arroz com o amido de milho e misture.

2. Bata a manteiga com o açúcar na batedeira até virar um creme.

3. Após, junte os ovos um a um, batendo bem.

4. Adicione o leite, batendo bem, e acrescente a farinha, o sal e o amido de milho aos poucos.

5. Bata bem. Só ponha o fermento quando desligar a batedeira.

PIMENTÃO COM JABUTICABA

1. Preaqueça o forno a 220 °C.

2. Leve ao forno uma assadeira com o pimentão fatiado. Asse até o ponto desejado (7 a 8 minutos).

3. Esmague os pimentões assados e passe-os pelo chinois.

4. Misture bem 1/3 da massa com 4 colheres (sopa) do líquido do pimentão assado e em seguida adicione o açúcar às raspas (limão e laranja), o suco de limão e o de laranja, a canela, 10 g de uva-passa e o 50 ml de rum. Mexa tudo e misture com o restante da massa. Leve ao forno preaquecido a 180 °C, por 25 a 30 minutos.

5. Em uma panela em fogo baixo, misture o creme de leite fresco e a geleia de jabuticaba até formar um creme.

SORVETE
DE AZEITE DE OLIVA
THERMOMIX + PACOJET

- 50 g de açúcar refinado
- 100 ml de água
- 15 g de ágar-ágar
- 8 gemas
- 50 ml de azeite de oliva
- 400 ml de leite integral
- 1 pitada de sal

1. Misture em uma panela o açúcar e a água. Leve ao fogo e cozinhe, sem mexer, por 7 a 10 minutos, ou até obter uma calda em ponto de fio fino. Retire do fogo e deixe esfriar.
2. Adicione o ágar-ágar quando a temperatura estiver acima de 60 °C e abaixo de 90 °C.
3. Coloque as gemas no bowl da batedeira e bata por 5 minutos.
4. Sem parar de bater, junte o azeite em fio.
5. Continue batendo e adicione a calda lentamente até homogeneizar.
6. Por fim, incorpore o leite e o sal.
7. Bata por mais 15 minutos, coloque no pote da Pacojet e leve ao congelador por no mínimo 8 horas.
8. Use a Pacojet para processar o sorvete e faça quenelles para servir.

PICLES
DE CHUCHU
SELADORA + VÁCUO + GASTROVAC

COZINHA DE INOVAÇÃO 2

- 300 ml de água
- 75 ml de vinagre de vinho branco
- 40 g de açúcar refinado
- 8 g de sal
- 1 chuchu descascado e picado em cubinhos (2 cm × 2 cm)

1. Faça uma solução com água, vinagre de vinho branco, açúcar e sal.
2. Em um saco plástico, coloque a solução, 100 g de chuchu picado e leve à seladora para dar vácuo. Repita o processo três vezes e finalize, selando o saco.

Coloque na panela água suficiente para cobrir a sonda de temperatura controlada e leve a 60 °C. Depois, adicione o saco selado e ponha a pressão desejada. Deixe na pressão por 30 minutos. Retire do Gastrovac e reserve os cubinhos de chuchu e o líquido. Sirva os cubinhos em prato fundo ou em pote de cerâmica, com o líquido reservado.

CAPÍTULO 10

ARROZ ANÃ

ANETE FERREIRA

O anã é uma variedade de arroz cultivado exclusivamente em Porto Marinho, um vilarejo às margens do rio Paraíba do Sul, situado no distrito de São Sebastião do Paraíba, município de Cantagalo, no estado do Rio de Janeiro.

Não se sabe exatamente a história do cultivo do arroz anã no local mencionado, mas o produto caiu no gosto dos moradores e é, há várias gerações, a base da alimentação dessa comunidade. O arroz tem esse nome porque sua semente é menor que o agulhinha de grão longo, consumido em todo o Brasil.

Trata-se de um arroz com características sensoriais singulares, que se destaca por ser extremamente aromático, glutinoso quando quente e de grãos soltinhos quando esfria, maciez que se mantém mesmo quando resfriado. São particularidades que combinam atributos de diferentes variedades de arroz e que, como é provável, se desenvolveram em razão do contexto específico de sua produção, por fatores tanto naturais quanto culturais.

Por essas particularidades, o arroz anã deverá ser incluído na lista de Indicação Geográfica no Brasil como Denominação de Origem, uma iniciativa que envolve a parceria do Sebrae (Serviço Brasileiro de Apoio às Micro e Pequenas Empresas), do Instituto Maniva, do Ministério da Agricultura, do Senac (Serviço Nacional de Aprendizagem Comercial), da Emater (Instituto de Assistência Técnica e Extensão Rural) e da Prefeitura de Cantagalo.

Entre os meses de agosto e outubro de 2021, todos os integrantes do Grupo de Pesquisa e Inovação Gastronômica do Senac RJ realizaram em conjunto uma série de testes de laboratório, com o objetivo de avaliar as possibilidades de uso do arroz anã. Esses experimentos tinham como diretrizes receitas simples, diversificadas e com equipamentos acessíveis, que pudessem posteriormente ser replicadas pela população de Porto Marinho.

O arroz anã se mostrou extremamente versátil, com ótimos resultados em preparações doces, salgadas, cozidas, assadas, fermentadas, utilizando seus grãos secos triturados (farinha) ou cozidos em água. Biscoitos e crackers crocantes, bolos fofos e aerados, brownies úmidos com casca quebradiça, pudins e manjares cremosos, bebidas aveludadas, entre tantas outras opções de preparo. Essa versatilidade se verificou também quando esse arroz foi utilizado em substituição a outros específicos, como na preparação de risotos ou de pratos semelhantes à paella.

A multifuncionalidade do arroz anã abre inúmeras possibilidades para seus usos e aplicações na alimentação humana, sendo um referencial relevante para o reposicionamento desse cereal na dieta clássica do brasileiro. E isso é uma perspectiva fundamental para este livro, pois amplia significativamente seu potencial comercial, com o aumento da renda para seus produtores, mas em particular porque pode ser decisivo na melhoria da qualidade de vida da comunidade de Porto Marinho.

Reunimos nesta publicação uma seleção das dezenas de receitas desenvolvidas e testadas no Laboratório de Gastronomia do Senac RJ.

ARROZ
DE FRIGIDEIRA

LEONARDO MARS

COZINHA DE INOVAÇÃO 2

- 100 g de peito de frango
- 100 g de carne de porco, lombo ou filezinho
- 300 g de camarão médio/pequeno fresco
- 2 g de sal
- 1 cabeça de alho
- 80 ml de azeite extravirgem
- 10 g de cúrcuma
- 5 g de páprica doce
- 5 g de páprica picante
- 150 g de molho pronto de tomate
- 100 g de arroz anã
- ½ pimentão amarelo pequeno
- ½ pimentão vermelho pequeno
- 100 g de ervilha congelada
- ½ molho de coentro
- 5 g de pimenta-do-reino

ARROZ ANÃ

1. Limpe e tempere o frango e a carne de porco.
2. Corte-os em pedaços pequenos. Reserve.
3. Limpe e tempere o camarão pequeno. Reserve.
4. Cozinhe as cascas do camarão em água e sal e reserve o caldo.
5. Refogue metade do alho no azeite, coloque o frango até ficar dourado e reserve.
6. Com a outra metade do azeite e do alho, refogue a cúrcuma, as pápricas e a carne de porco.
7. Deixe cozinhar para amolecer um pouco, acrescente o frango, um pouco do caldo, misture e coloque o arroz.
8. Acrescente o caldo à medida que o arroz for cozinhando.
9. Quando o arroz estiver quase pronto, coloque o camarão pequeno e misture.
10. Decore com os pimentões, ervilhas, acerte o sal, a pimenta-do-reino e uma quantidade de caldo.
11. Deixe bem úmido, abafe por uns minutinhos, coloque o coentro e sirva bem quente.

ARROZ
DE SUÃ
ANETE FERREIRA

ARROZ ANÃ

- 30 ml de óleo vegetal
- 350 g de suã de porco picada
- 30 g de bacon em cubos
- 150 g de cebola branca picada
- 15 g de pimenta-de-cheiro picada finamente
- 3 dentes de alho picadinhos
- 150 g de pezinho de porco picado
- 1 folha de louro
- 1 talho de coentro
- 1 L de caldo de legumes
- 20 g de sal
- Pimenta-do-reino
- 80 g de cebola roxa picada
- 100 g de linguiça fresca assada e cortada em rodelinhas
- 100 g de arroz anã
- 80 g de tomate maduro sem casca em cubos
- 15 ml de caldo de limão-cravo
- 3 talhos de salsinha picada
- 3 talhos de cebolinha picada

1. Em uma panela de pressão, coloque o óleo e doure a suã. Tire e reserve.
2. Na mesma panela, acrescente o bacon e deixe dourar.
3. Em seguida, coloque a cebola, a pimenta-de-cheiro e os dentes de alho.
4. Quando a cebola estiver murcha, acrescente os pedacinhos de pé de porco, o louro e os talhos de coentro; misture bem e coloque o caldo de legumes.
5. Acrescente a suã, tempere com sal e pimenta-do-reino. Tampe a panela e deixe cozinhar por 40 minutos depois que começar a pressão.
6. Retire a suã, deixe esfriar e desosse. Reserve a carne. Coe o caldo e reserve.
7. Em uma panela grande, doure a cebola roxa, acrescente a linguiça picada, coloque o arroz e misture. Acrescente 400 ml do caldo de cozimento da suã e a carne.
8. Quando o arroz estiver quase cozido, acrescente o tomate e misture. Ajuste o sal, se necessário. Acrescente um pouco mais de caldo para o arroz ficar bem úmido.
9. Finalize com o caldo de limão-cravo, misture e polvilhe a salsinha e cebolinha picadas.

COZINHA DE INOVAÇÃO 2

- 2 colheres (sopa) de azeite extravirgem
- 500 g de lombo de porco
- 3 linguiças calabresa
- 1 paio
- 500 g de peito de frango
- 3 folhas de louro
- 1 colher (café) de pimenta-do-reino
- 1 colher (café) de pimenta-do-reino branca
- 1 colher (café) de pimenta caiena
- 1 colher (café) de alho em pó
- 1 colher (café) de tomilho fresco
- 1 colher (sopa) de molho inglês
- ½ xícara de cebola em cubos pequenos
- ½ unidade de pimentão verde
- 1 pimenta dedo-de-moça
- 2 dentes de alho
- 1 talo de salsão
- 1 xícara de cachaça
- 1 lata de tomate pelado

- **Sal a gosto**
- **Salsa a gosto**

1. Em uma panela grande e funda, coloque um fio de azeite e doure o lombo, a linguiça, o paio e o frango em fogo baixo.

2. Leve para outra panela com 1 litro de água o louro, as pimentas em pó, o alho em pó, o tomilho e o molho inglês. Cozinhe em fogo baixo até estarem quase macios. Reserve.

3. Coloque de volta na panela em que dourou as carnes, adicione um pouco mais de azeite e doure as cebolas.

4. Acrescente o pimentão, a pimenta dedo-de-moça, o alho e o salsão. Não deixe queimar.

5. Junte a cachaça para soltar o fundo. Inclua os tomates e deixe aquecer lentamente.

6. Adicione 3 xícaras da água do cozimento das carnes, as carnes e o arroz.

7. Ajuste o sal e cozinhe em fogo baixo, sempre mexendo. Adicione mais caldo sempre que necessário para não secar.

8. Quando o arroz estiver cozido e as carnes, macias, sirva com salsa picada.

POLENTA
DE ARROZ
LUCAS MIGNOT

ARROZ ANÃ

- 1 L de caldo de legumes
- 100 g de arroz anã
- 50 g de manteiga sem sal
- 50 g de queijo parmesão
- Sal e pimenta-do-reino

1. Aqueça o caldo de legumes até que se inicie a fervura.
2. Faça a farinha com o arroz.
3. Junte a farinha aos poucos, mexendo sempre. Cozinhe até que engrosse e a farinha esteja cozida.
4. Junte a manteiga, o queijo parmesão e mexa vigorosamente.
5. Ajuste o sal e a pimenta.
6. Sirva quente.

FAROFA
DE ARROZ
LUCAS MIGNOT

ARROZ ANÃ

- 200 g de farinha do arroz anã para polenta
- 1 colher (sopa) de azeite
- 50 g de bacon picado
- 1 colher (sopa) de cebola picada
- 1 dente de alho
- Sal

1. Na frigideira seca e com o fogo baixo, toste a farinha até que comece a ficar dourada. Reserve.
2. Ainda na frigideira, aqueça o azeite, coloque o bacon e frite até que fique bem dourado.
3. Junte a cebola e refogue até estar dourada.
4. Acrescente o alho e mexa por 1 minuto.
5. Junte a farinha já tostada e mexa bem até incorporar todos os itens da frigideira.
6. Ajuste o sal.

SALADA DE ARROZ

LEONARDO MARS

ARROZ ANÃ

- 100 g de arroz anã
- 15 ml de azeite extravirgem
- 2 g de sal (2 pitadas)
- 50 g de cebola média
- 20 g de amendoim ou castanha-do-pará
- ½ molho de salsa fresca

1. Cozinhe o arroz com um fio de azeite (na proporção de 1 parte de arroz para 1,5 parte de água) e sal; reserve.
2. Pique a cebola, as nozes e a salsa.
3. Misture tudo e sirva.

Dica: *Pode colocar qualquer tipo de castanha picada.*

CRACKER DE ARROZ

COM FARINHA DE CASTANHA

LUIS NAKAO

ARROZ ANÃ

- 125 g de arroz anã cozido — 95 g não cozido
- 12,5 g de farinha de castanha-do-pará
- 5 g de sal

1. Coloque todos os ingredientes em um processador de alimentos e pulse até formar uma pasta.
2. Preaqueça o forno a 90 °C e forre uma assadeira com um tapete de silicone.
3. Com ajuda de 2 colheres (sopa), retire a mistura e forme pequenas esferas. Repita esse processo até acabar a massa.
4. Alise cada esfera com a colher, a fim de formar crackers bem finos.
5. Asse por aproximadamente 30 minutos ou até estar levemente dourado e crocante.
6. Deixe esfriar antes de consumir. Quando o cracker sai do forno, ele ainda está quente e um pouco úmido. Depois de esfriar, a umidade restante evapora e sua textura fica mais crocante.

CRACKER DE ARROZ
COM QUEIJO PARMESÃO

LUIS NAKAO

ARROZ ANÃ

- 62,2 g de queijo parmesão
- 50 g de arroz anã (cozido) — 40 g não cozido
- 7,5 g de farinha de tapioca
- 22,5 g de manteiga
- 87,5 g de farinha de arroz anã
- 0,25 g de polvilho doce
- 15 ml de leite de arroz anã

1. Preaqueça o forno, a 90 °C, e forre uma assadeira com um tapete de silicone.
2. Corte o queijo em pequenos cubos e processe-o.
3. Em seguida, adicione o arroz, a farinha de tapioca, a manteiga e o sal.
4. Adicione a farinha de arroz integral e o polvilho doce.
5. Acrescente o leite aos poucos até formar uma massa.
6. Retire com uma colher (sopa) a mistura e forme pequenas esferas. Repita esse processo até acabar a massa. Alise cada esfera com as mãos e coloque-as na assadeira.
7. Asse a massa por aproximadamente 30 minutos ou até que esteja levemente dourada e crocante.
8. Deixe descansar na assadeira até esfriar completamente. Isso fará com que fique crocante.

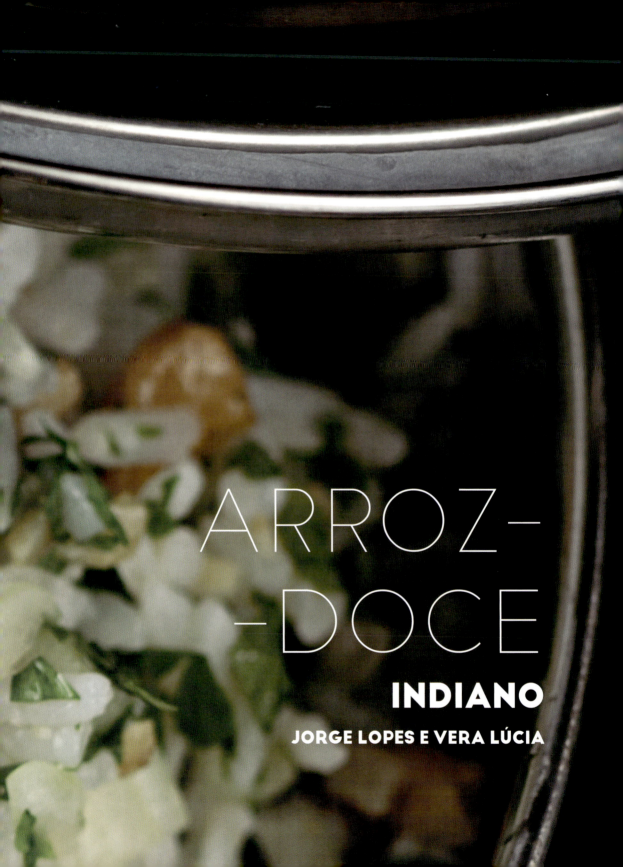

ARROZ--DOCE

INDIANO

JORGE LOPES E VERA LÚCIA

ARROZ ANÃ

- 50 g de castanhas de caju picadas grosseiramente
- 50 g de amêndoas laminadas
- 50 g de uvas-passas brancas
- 50 g de coco seco fresco laminado
- 100 g de arroz anã
- 1,5 L de leite integral
- 1 lata de leite condensado
- 5 g de cúrcuma
- 1 canela em pau
- 2 cravos-da-índia

1. Reserve um pouco das castanhas, amêndoas, uvas-passas e do coco para a decoração.
2. Coloque todos os ingredientes em uma panela em fogo médio-baixo, mexendo sempre com auxílio de uma colher.
3. Cozinhe até o arroz ficar macio. Retire a canela e os cravos-da-índia.
4. Sirva quente, frio ou em temperatura ambiente, de acordo com a sua preferência.

BOLINHOS
DE ARROZ

JORGE LOPES E THAÍS MEDEIROS

ARROZ ANÃ

- 75 g de manteiga sem sal
- 150 g de farinha de trigo
- 160 ml de leite integral
- 200 g de farinha de arroz anã
- 5 g de fermento químico
- 150 g de açúcar
- 2,5 g de essência de baunilha
- 2 ovos inteiros

1. Unte 12 fôrmas de empadas de tamanho médio ou 2 fôrmas de cupcake com manteiga e farinha de trigo. Retire o excesso.
2. Preaqueça o forno a 160 °C.
3. Aqueça o leite e reserve.
4. Misture as farinhas e peneire com o fermento.
5. Coloque em uma batedeira a manteiga, em temperatura ambiente, com o açúcar e a essência de baunilha.
6. Junte os ovos aos poucos.
7. Adicione o leite morno à mistura, alternando com as farinhas e o fermento peneirados. Bata por mais 10 minutos.
8. Coloque a massa até metade das fôrmas untadas.
9. Leve ao forno por 30 minutos. Retire do forno e deixe esfriar em uma grade.

COOKIES DE ARROZ
COM AMENDOIM
JORGE LOPES

ARROZ ANÃ

- 146 g de amendoim torrado, sem casca
- 120 g de arroz anã cozido
- 40 g de açúcar cristal
- 5 g de sal
- 20 g de manteiga sem sal
- 18 g de amido de milho

1. Preaqueça o forno a 180 °C.
2. Forre duas assadeiras com papel-manteiga.
3. Bata o amendoim no liquidificador até formar um pó com alguns pedaços pequenos.
4. Adicione os outros ingredientes e bata. Acrescente água aos poucos para facilitar a mistura.
5. Despeje a mistura em um recipiente e junte o amido de milho para dar ponto.
6. Molde com ajuda de duas colheres e leve à geladeira por 40 minutos.
7. Asse por 30 minutos ou até ficar com uma casquinha levemente dourada (o interior vai continuar cremoso).
8. Apoie os cookies em uma grade e guarde em um recipiente fechado antes de esfriarem totalmente para evitar que percam a consistência e o aroma do amendoim.

COCADA DE ARROZ COM MARACUJÁ

LUCAS MIGNOT

ARROZ ANÃ

- 100 ml de água
- 250 g de açúcar refinado
- 250 g de arroz anã cozido
- Polpa de um maracujá, com sementes
- 100 g de coco seco

1. Coloque a água em uma panela de fundo grosso e alta.
2. Junte o açúcar e ligue o fogo.
3. Deixe formar uma calda grossa e adicione o arroz.
4. Quando voltar a ferver, tire a panela do fogo e, com ajuda de uma espátula, mexa bem a cocada até que mude de cor e fique branca.
5. Acrescente o maracujá e o coco ao arroz e siga o mesmo procedimento.
6. Com auxílio de uma colher (sopa), coloque bocados da massa em uma assadeira untada e deixe secar por 4 horas.

ARANCINI
DE ABÓBORA CABOTIÁ
DIOGO NOBRE

ARROZ ANÃ

CALDO
- 200 g de abóbora cabotiá
- 1 cenoura grande
- 1 cebola grande
- 2 talos de salsão
- 10 ml de azeite
- 3 g de sal
- 2,4 L de água
- 2 dentes de alho

1. Corte a abóbora, cenoura, cebola e o salsão em cubos médios.
2. Aqueça o azeite e leve todos os vegetais à panela.
3. Adicione uma pitada de sal.
4. Adicione água à panela após refogar os vegetais por 2 minutos. Conte 30 minutos depois de começar a ferver.
5. Retire o caldo e coe após 30 minutos.

RISOTO

- 1 cebola pequena
- 100 g de abóbora cabotiá
- 50 g de queijo parmesão
- 30 ml de azeite extravirgem
- 200 g de arroz anã
- 100 ml de vinho branco
- 70 g de manteiga
- 3 g de sal

1. Corte e reserve a cebola e a abóbora em cubos pequenos.
2. Rale e reserve o queijo parmesão.
3. Aqueça o azeite em uma panela.
4. Adicione as cebolas até ficarem translúcidas.
5. Junte o arroz e envolva todos os grãos no refogado.
6. Adicione a abóbora.
7. Acrescente o vinho, mexendo o arroz.
8. Coloque o caldo aos poucos e continue mexendo o arroz (o processo pode levar de 20 a 25 minutos).

ARROZ ANÃ

9. Desligue o fogo quando sentir que o grão está macio, mas não excessivamente cozido.

10. Adicione a manteiga, o queijo parmesão e o sal.

ARANCINI
- 200 g de queijo parmesão
- 500 g de risoto de abóbora cabotiá
- 100 g de farinha de trigo
- 1 L de óleo

1. Rale e reserve o queijo parmesão.
2. Misture o parmesão ralado com o risoto.
3. Separe e faça bolinhas com risoto em porções de 35 a 40 gramas.
4. Passe as bolinhas pela farinha de trigo.
5. Aqueça o óleo até 170 °C.
6. Frite as bolinhas até ficarem douradas.

BUTTER
MOCHI

IAN EQUI NEVES

ARROZ ANÃ

LEITE EVAPORADO
- 105 g de leite em pó
- 245 g de água morna (40 a 45 °C)

1. Misture o leite com a água morna e bata bem no mixer ou no liquidificador. Para a receita serão usados apenas 180 ml.

BOLO
- 60 g de manteiga sem sal
- 200 g de açúcar cristal
- 2 ovos
- 180 ml de leite evaporado substituto
- 200 ml de leite de coco integral
- 100 g de farinha de arroz anã
- 6 g de fermento químico em pó
- 1 g de sal

COZINHA DE INOVAÇÃO 2

1. Aqueça o forno a 180 °C.
2. Unte uma fôrma quadrada (20 cm × 20 cm) com manteiga, cubra a base com papel-manteiga e unte-a também.
3. Em uma tigela, misture manteiga derretida, açúcar cristal e ovos. Mexa bem, cerca de 1 ou 2 minutos.
4. Adicione o leite evaporado (180 ml) e o leite de coco, misture ligeiramente.
5. Acrescente a farinha de arroz anã, o fermento químico em pó e o sal. Misture para incorporar bem, cerca de 2 minutos.
6. Transfira a massa para a fôrma preparada, a massa é líquida mesmo.
7. Asse a 180 °C por 55 a 60 minutos, o topo ficará bem dourado. Durante o cozimento é normal o bolo inflar, como é normal murchar ao ser retirado do forno.
8. Retire do forno e espere amornar para desenformar. Consuma quente ou em temperatura ambiente.
9. Deve ser armazenado na geladeira. Antes de consumir, deixe alguns minutos fora para amornar ou esquente brevemente em um forno ou micro-ondas.

- 50 g de manteiga sem sal
- 100 g de farinha de arroz anã
- 30 g de cacau em pó 100%
- 20 g de óleo vegetal
- 1 g de sal refinado
- 250 ml de água
- 10 ml de extrato de baunilha ou 2 ml se for essência (opcional)
- 300 g de açúcar cristal ou refinado
- 2 ovos
- 3 g de bicarbonato de sódio
- 150 g de chocolate ao leite em barra (bem picado)

1. Aqueça o forno a 180 °C.
2. Unte uma fôrma quadrada (20 cm × 20 cm) com manteiga ou óleo e cubra com papel-manteiga.
3. Unte o papel também e polvilhe com uma mistura de farinha de arroz e cacau, em partes iguais.
4. Em uma tigela, misture cacau, manteiga, óleo, sal e água fervente.

5. Reserve por 10 minutos, para ficar morno. Adicione a baunilha.
6. Coloque o açúcar e misture bem para dissolver.
7. Acrescente os ovos e mexa rapidamente.
8. Junte a farinha de arroz (peneirada) e o bicarbonato. Misture até ficar tudo incorporado.
9. O chocolate pode ser adicionado, então, ou salpicado sobre a massa depois de colocada na fôrma (recomendo fazer os dois).
10. Transfira a massa para a fôrma preparada.
11. Asse a 180 °C por cerca de 45 minutos. Faça o teste do palito no centro do tabuleiro.
12. Tire do forno e deixe esfriar 10 minutos antes de remover da fôrma.

TARTELETE

SALGADA

DENIS DE PAULA

ARROZ ANÃ

- 100 g de farinha de arroz anã
- 1/2 colher (chá) de sal
- 50 g de creme de leite
- 1 colher (chá) de cachaça
- 100 g de queijo de minas padrão
- 50 g de queijo parmesão
- 10 g de manteiga

1. Misture a farinha, o sal e o creme de leite até a massa ficar homogênea e não grudar mais nas mãos.
2. Em seguida, adicione a cachaça aos poucos para não desandar a massa.
3. Depois de todos os ingredientes serem incorporados, enrole a massa em um plástico-filme e deixe descansar por 10 minutos em temperatura ambiente.
4. Sove mais um pouco a massa e abra-a com um rolo de macarrão ou uma máquina de macarrão até obter a espessura desejada.
5. Corte no formato desejado e recheie os pastéis; em seguida, dobre e feche.
6. Abra a massa com ajuda de um rolo e coloque em forminhas de tartelete.
7. Asse em forno preaquecido a 160 °C por aproximadamente 25 minutos.
8. Coloque o recheio ou a cobertura e leve de volta ao forno a 180 °C por mais 15 minutos.

PASTEL
ASSADO
DENIS DE PAULA

ARROZ ANÃ

- 150 ml de leite integral
- 1 colher (sobremesa) de manteiga
- 1 colher (chá) de sal
- 100 g de farinha de arroz anã
- 100 g de queijo branco (ricota ou minas)
- 100 g de goiabada
- 15 g de parmesão
- 50 g de creme de ricota
- 1 colher (chá) de salsinha picada
- 1 colher (chá) de azeite

1. Coloque em uma panela o leite, a manteiga e o sal.
2. Mexa até levantar fervura, abaixe o fogo e misture a farinha de arroz.
3. Mexa ligeiramente até se desprender da panela. Deixe esfriar um pouco e sove por 2 minutos.
4. Abra a massa com rolo, entre folhas de plástico-filme, até a espessura mais fina possível. Corte os discos com copo do tamanho desejado.
5. Recheie os pastéis, feche com ajuda de um garfo, pincele com gema de ovo passada na peneira e leve ao forno preaquecido a 180 °C por 25 minutos.

RECHEIO

Misture 2 colheres (sobremesa) de creme de ricota, 1 colher (chá) de azeite, 1 colher (chá) de parmesão, 1 colher (chá) de salsinha picada e 1 pitada de sal, misture tudo e deixe homogêneo.

Recheio doce: *Uma fatia de goiabada e uma fatia de queijo de minas ou ricota.*

PASTEL FRITO
SEM GLÚTEN
DENIS DE PAULA

- 250 g de batatas
- 2 colheres (sobremesa) de azeite
- ½ xícara de farinha de arroz anã
- ½ xícara de amido de milho
- ½ xícara de água
- 25 g de polvilho doce
- 25 g de polvilho azedo
- ½ colher (chá) de sal
- 10 g de parmesão
- 50 g de queijo de minas padrão
- 200 g de queijo prato
- 2 tomates
- Orégano

MASSA

1. Cozinhe as batatas (com casca) até o ponto de espetar uma delas com uma faca fina e ela escorregar e soltar. Tire-as do cozimento, descasque, amasse e espere esfriar.

ARROZ ANÃ

2. Misture as batatas amassadas, o azeite, a farinha de arroz, o amido de milho, a água, o polvilho doce, o polvilho azedo e o sal.

3. Após a massa ficar lisa e homogênea, acrescente o queijo parmesão e o queijo de minas padrão (ralados). Sove até incorporar bem.

4. Coloque a massa de volta em uma tigela, cubra com um pano e deixe descansar por 20 minutos.

5. Abra a massa na bancada, entre filmes PVC, com um rolo, até obter a espessura desejada.

6. Corte os discos com um molde (pode ser um copo), recheie cada um deles e feche-os com um garfo, de modo delicado para não rasgar a massa.

7. Frite em óleo, a 180 °C, até dourar.

RECHEIO

1. Rale 200 g de queijo prato.

2. Corte os tomates em *brunoise*.

3. Misture o queijo ralado, o tomate e o orégano.

BARRINHA DE CEREAL DE ARROZ

MARLUCE CARVALHO

ARROZ ANÃ

- 100 g de arroz anã crocante
- 70 g de banana-prata madura amassada
- 30 ml de mel
- 30 g de uvas-passas
- 1 pitada de canela em pó
- Óleo de coco para pincelar a fôrma

1. Misture bem todos os ingredientes (exceto o óleo de coco).
2. Espalhe a mistura (altura de 1 a 2 cm) em uma fôrma pequena untada com óleo de coco.
3. Asse a 150 °C por cerca de 1 hora.
4. Corte em barrinhas.

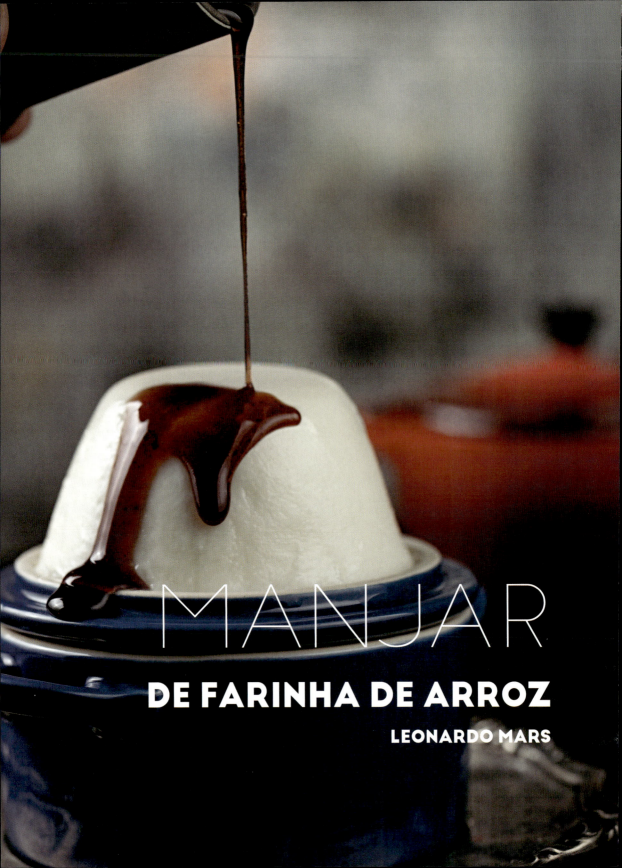

ARROZ ANÃ

- 500 ml de leite integral
- 12 g de gelatina incolor
- 100 g de farinha de arroz anã
- 250 ml de leite de coco
- 115 g de açúcar refinado

1. Separe o leite integral e utilize ½ xícara para umedecer a gelatina.
2. Misture o leite restante com a farinha de arroz, o leite de coco e o açúcar.
3. Leve tudo ao fogo médio e mexa sem parar até chegar ao ponto de mingau. Utilize o mixer para tornar a preparação mais lisa.
4. Esquente mais um pouco, coloque a gelatina e continue mexendo.
5. Depois, tire do fogo e coloque em uma fôrma. A gelatina deve ficar totalmente derretida no mingau. Se for necessário, utilize novamente o mixer.
6. Espere esfriar um pouco e leve à geladeira.
7. Sirva com qualquer calda da sua preferência.

MASSA
PARA MINIPIZZA
PALOMA CALCISCOV BARBARA

ARROZ ANÃ

- 500 g de arroz anã cozido
- 20 g de polvilho azedo
- 30 g de cream cheese
- 2 ovos
- Sal e pimenta-do-reino
- Óleo para untar a fôrma

1. Coloque todos os ingredientes em um processador. Triture até obter uma massa bem homogênea.
2. Abra a massa com o dorso de uma colher, em formato de minipizzas.
3. Leve ao forno preaquecido, a 180 °C, até dourar.
4. Retire do forno, monte a pizza com molho de tomate, queijo e orégano.

MONTAGEM

Molho de tomate, queijo e orégano

CRACKER DE ARROZ

BATIDO COM CEBOLINHA E QUEIJO

MARLUCE CARVALHO E THIAGO ROSSI

ARROZ ANÃ

- 200 g de arroz anã cozido
- 200 ml de água
- 25 g de cebolinha
- 50 g de queijo parmesão
- 25 g de manteiga
- 5 g de páprica doce
- 10 g de sal

1. Preaqueça o forno a 140 °C.
2. Bata todos os ingredientes no liquidificador até obter uma massa lisa.
3. Coloque a massa em um saco de confeiteiro. A massa é bastante mole, então faça um furo bem pequeno.
4. Com o saco de confeiteiro, faça palitos, com 2 cm × 5 cm, em um tapete de silicone, sobre fôrma de borda baixa.
5. Deixe aproximadamente 2 cm entre cada cracker.
6. Leve ao forno por 45 minutos ou até estarem secos.
7. Espere esfriar e sirva.

CASQUINHA
DE SORVETE
THIAGO ROSSI

- 30 g de manteiga
- 1 colher (sobremesa) de essência ou extrato de baunilha
- 40 g de farinha de arroz anã
- 10 g de farinha de amêndoas
- 40 g de fécula de batata
- 1 pitada de sal

1. Em um recipiente, misture as claras, o açúcar, a manteiga derretida e a baunilha.
2. Acrescente as farinhas, a fécula de batata e o sal. Misture até obter uma massa homogênea.
3. Espalhe uma fina camada em uma frigideira antiaderente, com o fogo desligado.
4. Ligue o fogo em médio-baixo; quando dourar, vire e deixe dourar por igual.
5. Retire e modele imediatamente.

QUIBE
COM FARINHA DE ARROZ
THIAGO ROSSI

ARROZ ANÃ

- 1 kg de carne moída da sua escolha
- 2 cebolas grandes bem picadas
- ½ molho de cheiro-verde (salsinha e cebolinha) bem picado
- 6 dentes de alho bem picados
- 8 raminhos de hortelã bem picados
- 2 ovos
- 1 colher (sopa) de sal (rasa)
- 3 colheres (chá) de molho de pimenta pronto
- 2 xícaras de arroz anã cozido
- Farinha de arroz para enrolar o quibe

1. Em um recipiente, junte todos os ingredientes, menos a farinha de arroz, e sove bem.
2. Modele os miniquibes, leve ao refrigerador para a massa firmar.
3. Empane na farinha e frite em óleo quente.
4. Escorra em papel-toalha e sirva ainda quente.

ARROZ ANÃ

- 100 g de arroz anã ($\frac{1}{2}$ xícara)
- 5 g de sal
- 300 ml de leite integral (1 $\frac{1}{2}$ xícara)
- 100 g de açúcar refinado ($\frac{1}{2}$ xícara)
- 200 g de chocolate meio amargo picado
- 4 colheres (sopa) de manteiga, cortada em cubos
- 1 colher (chá) de extrato de baunilha ou cumaru ralado
- 2 colheres (sopa) de conhaque (ou cachaça)

1. Leve uma panela com água para ferver.

2. Acrescente o arroz e o sal. Reduza o fogo e cozinhe em fogo baixo por 15 a 20 minutos ou até que o arroz esteja macio. Escorra o arroz, enxágue e escorra novamente.

3. Aqueça o leite com o açúcar em uma panela grande de fundo grosso, em fogo médio, até que o açúcar se dissolva, mexendo sempre.

4. Adicione o chocolate e a manteiga à panela e mexa até derreter e ficar homogêneo.

5. Junte o arroz cozido e reduza o fogo. Tampe e deixe ferver, mexendo ocasionalmente, por 5 minutos, até que o leite seja absorvido e a mistura engrosse.

6. Junte o extrato de baunilha (cumaru ralado) e o conhaque (ou cachaça). Retire do fogo e deixe esfriar à temperatura ambiente.

7. Despeje em travessas de vidro, tampe e deixe esfriar por cerca de 2 horas. Sirva frio.

FLAN DE ARROZ
COM CARAMELO

IAN EQUI NEVES

ARROZ ANÃ

- 120 g de arroz anã
- 1 L de leite, reservar uma xícara
- 2 canelas em pau pequenas
- Raspa de 1 limão (ou 8 gotas de extrato de baunilha)
- 165 g de creme de leite
- 2 ovos
- 2 gemas de ovo
- 2,5 g de sal
- 320 g de açúcar — 200 g para a massa e 120 g para o caramelo

1. Aqueça o forno a 170 °C.
2. Em uma panela média, leve 2 xícaras de água para ferver.
3. Junte o arroz e cozinhe por 15 minutos.
4. Escorra o arroz e coloque-o em uma panela média com o leite (reserve uma xícara) e a canela. Deixe ferver, abaixe o fogo e cozinhe por 30 minutos, mexendo de vez em quando ou até que o arroz esteja bem macio.
5. Retire o leite que não foi absorvido, coloque o arroz em uma tigela média e acrescente as raspas de limão.

CREME

1. Em uma panela média, em fogo médio-baixo, misture a xícara de leite restante e o creme de leite.
2. Enquanto isso, em uma tigela média, misture os ovos, as gemas, o sal e 1/3 de xícara do açúcar.
3. Quando a mistura de leite começar a ferver, despeje aos poucos na mistura de ovo, mexendo sempre.
4. Coloque a mistura de volta na panela e junte o arroz. Mexa por 1 minuto. Bata tudo no liquidificador e peneire direto sobre a fôrma com o caramelo ainda quente.

CARAMELO

1. Em uma panela pequena, misture a xícara de açúcar e 1/4 de xícara de água e leve para ferver.
2. Cozinhe em fogo médio-alto por 5 a 8 minutos, mexendo de vez em quando até que a mistura fique com um tom âmbar mel.
3. Despeje imediatamente na travessa de suflê/pudim, girando para garantir que o caramelo cubra cerca de 3/4 da altura da travessa.
4. Sem esperar que o caramelo endureça, despeje imediatamente a mistura de arroz na travessa de pudim/suflê revestida de caramelo.
5. Encha uma assadeira grande até a metade com água bem quente e coloque o prato de pudim na assadeira. Cubra a fôrma com papel-alumínio.
6. Coloque a assadeira no centro do forno e asse por cerca de 2 horas (comece a verificar depois de uma hora e meia) ou até que o creme esteja firme nas bordas, mas o centro ainda balance um pouco.
7. Retire do banho-maria, deixe esfriar sobre uma grade e leve à geladeira até firmar e estar frio, pelo menos 6 horas ou de preferência durante a noite.

POUNDCAKE

DE ARROZ

IAN EQUI NEVES

COZINHA DE INOVAÇÃO 2

- Manteiga para untar a fôrma
- 60 ml de óleo de coco
- 55 g de manteiga sem sal em temperatura ambiente
- 200 g de farinha de arroz anã
- 1,8 g de fermento em pó
- 2,4 g de bicarbonato de sódio
- 2,5 g de sal marinho fino
- 2,5 g de pimenta-do-reino moída na hora
- 225 g de açúcar
- 2 ovos grandes (em temperatura ambiente)
- 70 g de creme de leite
- 160 ml de leite de coco sem açúcar
- 2 colheres (chá) de extrato de baunilha (opcional)

1. Aqueça o forno a 180 °C.
2. Unte levemente com manteiga uma fôrma retangular, de 20 cm × 30 cm.
3. Derreta o óleo de coco em uma panela pequena, em fogo baixo, e deixe esfriar até ficar na temperatura ambiente.
4. Em uma tigela média, misture a farinha de arroz, o fermento, o bicarbonato, o sal e a pimenta, então reserve.
5. Na batedeira, bata o óleo de coco, a manteiga e o açúcar em velocidade alta até obter um creme claro e fofo (2 a 3 minutos).
6. Com o motor ainda ligado, adicione os ovos e misture até ficar cremoso e bem fofo.
7. Reduza para velocidade baixa e acrescente 1/3 da mistura de farinha.
8. Depois de homogeneizado, adicione o creme de leite.
9. Acrescente mais 1/3 dos ingredientes secos e depois 1/2 do leite de coco.
10. Adicione a mistura de farinha restante.
11. Em velocidade média, acrescente o restante do leite de coco e a baunilha, bata até ficar homogêneo e totalmente incorporado.
12. Coloque a massa na fôrma e alise a superfície com a espátula.
13. Asse até que o bolo esteja dourado e um palito inserido no centro saia limpo, cerca de 30 a 40 minutos.
14. Deixe o bolo esfriar na fôrma por 5 minutos e sirva quente.

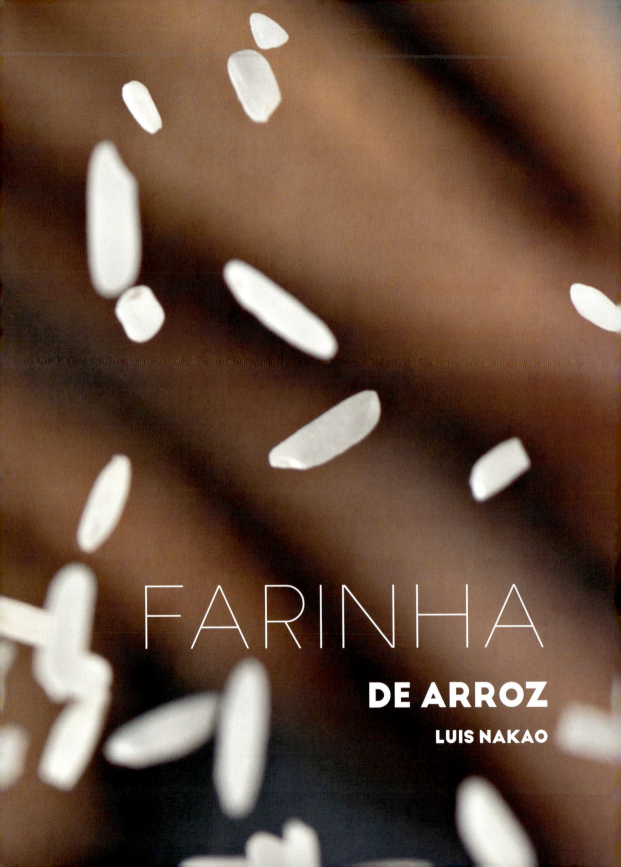

ARROZ ANÃ

- 180 g de arroz anã

1. Lave os grãos em água limpa.

2. Escorra a água e seque bem os grãos antes de triturá-los. Para a secagem, os grãos podem ser levados ao forno por alguns minutos na potência mais baixa ou deixados ao sol para secar à temperatura ambiente.

3. Coloque parte do arroz no aparelho de sua escolha para triturar (processador ou liquidificador). Recomenda-se bater o arroz aos poucos para conseguir melhores resultados.

4. Passe o produto obtido por uma peneira, de modo a obter somente a farinha de arroz.

5. Devolva os grãos não triturados ao aparelho e acrescente mais arroz, repetindo o processo de bater e peneirar até esgotar todo o arroz.

6. Ao final do processo, guarde a farinha dentro de um pote hermético para conservá-la.

FARINHA
PARA POLENTA
LUCAS MIGNOT

ARROZ ANÃ

- **200 g de arroz anã**

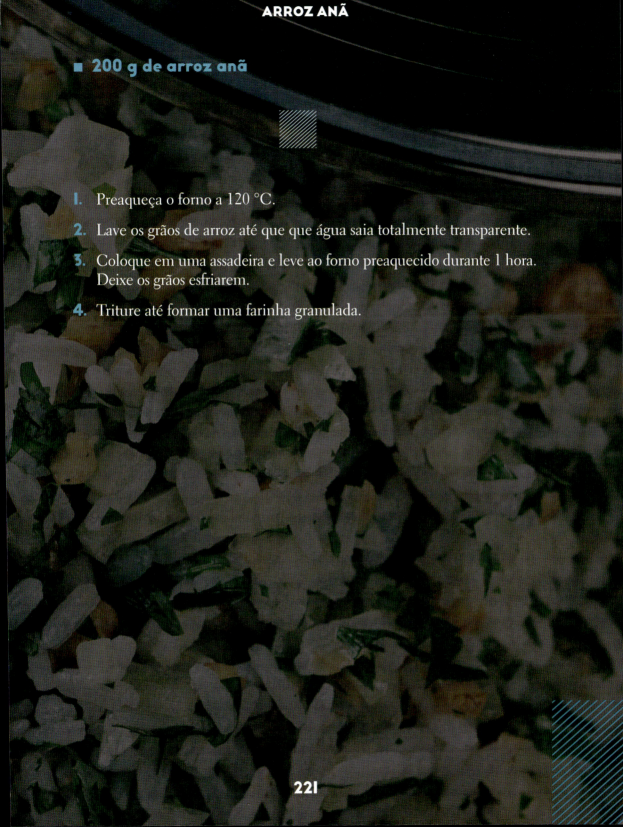

1. Preaqueça o forno a 120 °C.
2. Lave os grãos de arroz até que que água saia totalmente transparente.
3. Coloque em uma assadeira e leve ao forno preaquecido durante 1 hora. Deixe os grãos esfriarem.
4. Triture até formar uma farinha granulada.

ARROZ ANÃ

- 110 g de arroz anã
- 720 ml de água
- 1 canela em pau
- 250 g de leite integral
- 1/2 lata de leite condensado
- 4 g de essência de baunilha
- Sal
- 90 g de açúcar (opcional, agregar aos poucos)

Opcional: *Reduzir metade do leite condensado e usar leite evaporado na mesma quantidade. (Leite evaporado é muito utilizado por toda a América Latina, exceto no Brasil, e é obtido com a lenta redução do volume de água do leite integral, aproximadamente 60% do volume de água, que é coado logo em seguida.)*

1. Lave bem o arroz e deixe-o de molho na noite anterior ao preparo.

2. Drene o arroz da água de molho e, em uma panela com a canela em pau, adicione o arroz lavado e os 700 ml de água.

3. Leve ao fogão e cozinhe com a panela semitampada, em fogo baixo, por aproximadamente 1 hora.

4. Quando a maior parte da água já tiver evaporado e o arroz estiver bem pastoso, apague o fogo e deixe repousar por 15 minutos.

5. Retire a canela em pau e transfira a mistura, uma metade por vez, para o liquidificador. Bata bem até obter uma pasta bem homogênea, não restando um único grão de arroz.

6. Adicione o leite integral, o leite condensado e a baunilha. Caso sinta necessidade, adicione uma pitada de sal e, se quiser, junte aos poucos o açúcar até obter o ponto desejado.

7. Bata tudo novamente no liquidificador até que esteja bem uniforme.

8. Para servir, encha o copo até a metade com gelo picado e depois complete com a chicha. Decore com leite condensado e canela em pó.

LEITE VEGANO
DE ARROZ COZIDO

BERNARDO BASTOS

- 150 g de arroz anã

- 1,3 L de água

- 30 g de tâmara sem caroço (pode ser substituído por 1 colher (sopa) de mel ou rapadura ralada)

1. Lave bem o arroz e cozinhe em 500 ml (2 xícaras) de água. O arroz não precisa cozinhar completamente, podendo ficar um pouco duro. (Também é possível utilizar um arroz já cozido.)

2. Coe todo o restante da água do arroz e deixe esfriar por 30 minutos.

3. Transfira o arroz para um processador (ou Thermomix), adicione os outros 800 ml de água restantes e as tâmaras (ou mel). Processe por 15 a 20 minutos até que esteja bem macio. A mistura deve lembrar um purê fino.

4. Coe o "purê" com um pano coador.

5. Armazene o líquido na geladeira por quatro a cinco dias ou no congelador por um mês.

ARROZ
CROCANTE
MARLUCE CARVALHO

- 100 g de arroz anã
- 600 ml de água
- Azeite para fritar

1. Lave o arroz.
2. Cozinhe em água até que fique macio (cerca de 5 a 10 minutos).
3. Escorra e lave o arroz.
4. Espalhe em um prato e leve ao micro-ondas por 4 minutos.
5. Frite por imersão a 200 °C até que estufe e fique crocante.
6. Retire do azeite e escorra bem.

CAPÍTULO II

RECEITAS INUSITADAS

Nosso propósito é desenvolver receitas e técnicas diferenciadas. Partindo de uma receita ou técnica clássica, é possível torná-la incomum ou inusitada utilizando equipamentos de vanguarda, combinando sabores, transformando texturas, substituindo ingredientes etc.

Este capítulo é dedicado a algumas dessas receitas que, de maneira sutil ou pronunciada, trazem resultados pouco comuns.

COCADINHAS

DE TOUCINHO DO CÉU

JORGE LOPES, VERA GONÇALVES E DENIS DE PAULA

RECEITAS INUSITADAS

- 230 g de amêndoas sem pele e trituradas
- 400 ml de água
- 500 g de açúcar refinado
- 30 g de gordura de porco
- 12 gemas peneiradas
- 2,5 g de canela em pó
- Manteiga sem sal para untar
- Farinha de trigo para untar

1. Forre um tabuleiro retangular (30 cm × 20 cm) com papel-manteiga.
2. Preaqueça o forno a 160 °C.
3. Coloque as amêndoas em água quente por 1 minuto, peneire e aperte-as com as mãos para retirar suas cascas.
4. Leve ao forno a 160 °C até que dourem levemente, então retire-as, deixe esfriar e triture até que virem uma farinha grossa.
5. Em uma panela, dissolva o açúcar na água. Leve ao fogo baixo e deixe ferver até formar o ponto pérola (107 °C). Retire do fogo e deixe esfriar.
6. Derreta a gordura de porco.

7. Quando a calda atingir de 70 °C a 78 °C, misture as amêndoas moídas, as gemas peneiradas e batidas com a canela e a banha de porco derretida. Leve ao fogo baixo e mexa com auxílio de uma espátula até engrossar.

8. Coloque a massa na fôrma untada e leve ao forno até secar.

9. Retire o doce da fôrma com auxílio de uma colher (sopa) e molde cocadinhas.

SALADA DE CHUCHU

COM CAMARÃO

ANETE FERREIRA

- 500 g de chuchu
- 100 g de cebola roxa
- 10 g de pimenta dedo-de-moça
- 8 ramos de coentro
- Sal
- 200 g de manga Palmer quase verde
- 400 g de camarão VM sem casca
- 30 ml de azeite extravirgem
- Pimenta-do-reino
- 30 ml de suco de limão

1. Higienize e seque todos os ingredientes.
2. Descasque o chuchu, fatie e pique-o em tiras finas regulares.
3. Descasque a cebola e pique em tiras finas. Coloque em uma tigela com água e gelo durante 15 minutos. Disponha em uma peneira para escorrer.
4. Parta as pimentas ao meio, tire as sementes e fatie finamente.
5. Pique finamente o coentro.

6. Coloque água em uma panela, acrescente sal e leve ao fogo. Quando a água entrar em ebulição, acrescente o chuchu e deixe ferver por cerca de 1 minuto, então coe e coloque-o em uma tigela com gelo. Escorra bem e enxugue o excesso de água com papel-toalha, se necessário.

7. Corte a manga na mesma proporção do chuchu e reserve.

8. Eviscere os camarões e seque-os com papel-toalha. Grelhe em frigideira com um fio de azeite, sal e pimenta-do-reino. Reserve.

9. Faça um vinagrete com o azeite e o suco de limão.

10. Misture tudo e ajuste o tempero, se necessário.

> **Atenção:** A *manga só deve ser misturada à salada no momento de servir, para não alterar a textura, a cor, o sabor e a quantidade de líquidos.*

RECEITAS INUSITADAS

- 500 g de morangos frescos
- 60 ml de vinagre balsâmico
- 500 g de ketchup
- 200 g de extrato de tomate
- 200 g de açúcar demerara
- 200 ml de conhaque
- 20 g de sriracha
- 20 g de pó de mostarda
- 15 g de páprica picante
- 15 g de páprica doce
- 10 g de páprica defumada
- 150 ml de melado
- 75 ml de molho inglês
- 50 ml de vinagre de maçã
- 10 gotas de fumaça líquida
- 4 dentes de alho
- 2 talos de aipo
- Sal
- Pimenta-do-reino
- 50 g de manteiga fria, em cubos

COZINHA DE INOVAÇÃO 2

1. Corte os morangos, regue com o vinagre balsâmico e asse por 30 minutos no forno a 180 °C.

2. Coloque todos os ingredientes, menos a manteiga, em uma panela e, com o fogo baixo, misture tudo e cozinhe por, aproximadamente, 30 minutos ou até atingir a consistência adequada.

3. Adicione a manteiga e misture até estar completamente incorporada.

CONSERVA DE MOSTARDA ESCURA

COM GENGIBRE

ANETE FERREIRA E VANESSA CARVALHO

COZINHA DE INOVAÇÃO 2

- 60 g de mostarda preta em grãos
- 50 g de açúcar mascavo
- Gengibre
- 50 ml de água mineral
- 40 ml de vinagre de vinho branco
- 10 ml do próprio vinho branco
- 30 ml de azeite de oliva (se necessário)
- Sal (uma pitada)

1. Torre levemente os grãos de mostarda em uma frigideira. Use um pilão para macerar os grãos ou um moedor de especiarias. O açúcar e o gengibre vão ajudar nessa hora para que não voem grãos para todo lado.

2. Continue usando o pilão até obter uma farofa homogênea. Aos poucos, vá adicionando os ingredientes líquidos até ter uma consistência cremosa.

3. A mostarda soltará um óleo natural dos grãos que promoverá a liga. Se necessário, adicione o azeite de oliva para melhorar a consistência do creme.

Dica: *Conserve na geladeira em recipiente não metálico fechado.*

MAIONESE DE LEITE

E WASABI

PEDRO SIMÕES E JULIA RAPOSO

- 120 ml de leite
- ½ litro de óleo vegetal
- 5 g de wasabi em pó
- 5 g de sal

1. Um tempo antes de começar o preparo da receita, resfrie bem os ingredientes, pois a baixa temperatura vai favorecer o desenvolvimento de uma textura mais delicada.

2. Para isso, coloque o leite no congelador até quase congelar e resfrie o óleo também.

3. Coloque o leite gelado no copo de liquidificador e ligue na velocidade máxima.

4. Junte o óleo aos poucos, em fio contínuo e calmo, para dar tempo de as gotículas serem emulsionadas com as partículas de água do leite.

5. Quando a maionese encorpar, diminua o fio de óleo e junte o wasabi e o sal.

6. Prove e corrija o tempero.

FEIJÃO

COM SEMENTE DE CHUCHU - PANELA DE PRESSÃO

LÚCIO SALGUEIRO, WILL SOUSA E
TAIENE ALBUQUERQUE DE QUEIROZ

COZINHA DE INOVAÇÃO 2

- 300 g de feijão preto (24 horas de molho)
- 3 folhas de louro
- 2 chuchus com a casca
- Água (q.b.)
- Azeite
- 150 g de cebola picada
- 30 g de alho cozido
- 1 molho de cebolinha picada
- Sal

1. Coloque em uma panela de pressão o feijão demolhado (descarte a água), as folhas de louro, o chuchu e a água necessária para o cozimento (fogo médio-alto).

2. Espere dar a pressão e cozinhe por 15 minutos.

3. A seguir, diminua o fogo para baixo-médio e deixe cozinhar por mais 15 minutos.

4. Retire os dois chuchus. Corte ao meio, preservando as sementes e o restante em cubos largos (2 cm × 2 cm).

5. Faça um refogado tradicional em uma frigideira com azeite, cebola, alho e cebolinha, além de sal para temperar o feijão.

6. Sirva com os cubos de chuchu e deguste atentamente as saborosas sementes.

TUILE DE GERGELIM

COM QUEIJO DE LEITE DE OVELHA

LÚCIO SALGUEIRO

- 60 g de suco de laranja
- 115 g de açúcar refinado
- 60 g de manteiga sem sal
- 20 g de farinha de trigo
- 125 g de gergelim branco

1. Em uma panela de inox pequena, coloque o suco de laranja, o açúcar e a manteiga. Leve ao fogo baixo para homogeneizar lentamente.
2. Em um bowl de inox, coloque a farinha, o gergelim e misture com um fouet, rapidamente.
3. Quando a mistura aquecida estiver pronta, derrame em um bowl. Misture bem delicadamente com uma espátula.
4. Deixe descansar durante 4 horas (tipo massa amanteigada).
5. Em uma assadeira com silpat (tapete de silicone), coloque a massa, pouco a pouco, e alise com a espátula (espessura bem fina).
6. Leve ao forno preaquecido, a 160 °C, durante 10 minutos.
7. Retire do forno e, ainda quente, apare as pontas, as laterais com um raspador e corte com o aro inox o biscoito/moeda do tamanho desejado. Deixe os biscoitos esfriarem.

RECHEIO

Misture bem o brie de ovelha com cream cheese e coloque em um saco de confeitar com o bico de pitanga desejada.

Monte as tuiles e sirva.

TERRINE DE POLENTA
COM COGUMELOS
LÚCIO SALGUEIRO

COZINHA DE INOVAÇÃO 2

- 100 g de farinha italiana para polenta (ou sêmola de milho)
- 800 ml de caldo de frango
- 100 g de cogumelo paris fatiado (Duxelles)
- 100 g de cogumelo shiitake
- 30 g de parmesão Grana Padano ralado (ralo grosso)
- 60 g de manteiga
- Sal e pimenta-do-reino, moída na hora

*DUXELLES
- 100 g de cogumelo paris
- 100 g de cogumelo shiitake
- ½ cebola finamente picada (*brunoise*)
- 20 g de manteiga
- 20 ml de azeite
- 50 ml de vinho branco ou cachaça
- Sal e pimenta-do-reino, moída na hora

1. Sem lavar os cogumelos Paris (apenas limpe-os com papel-toalha), fatie-os em lâminas.
2. Para os cogumelos shiitake, descarte os caules e pique finamente as "chapeletas".
3. Pique bem a cebola.
4. Em uma frigideira, aqueça a manteiga e o azeite.
5. Junte a cebola e deixe ficar translúcida. Adicione os cogumelos paris em lâminas, os cogumelos shiitake picados e refogue até quase secar.
6. Nesse momento, adicione o vinho ao refogado e flambe.
7. Deixe o líquido evaporar, corrija os temperos com sal e pimenta-do-reino do moinho. Reserve.

POLENTA

1. Em uma panela de inox, larga e funda, coloque a farinha para polenta, adicionando o caldo de frango previamente aquecido. Coloque em fogo médio e vá mexendo até dar o ponto desejado.
2. Em seguida, adicione à panela o parmesão ralado, a manteiga e tempere. Use uma fôrma (terrine) levemente untada com gordura.
3. Ponha a polenta na fôrma e deixe esfriar. Corte no formato desejado e frite em azeite ou manteiga.
4. Sirva as fatias de polenta fritas como base e o mix de cogumelos por cima.

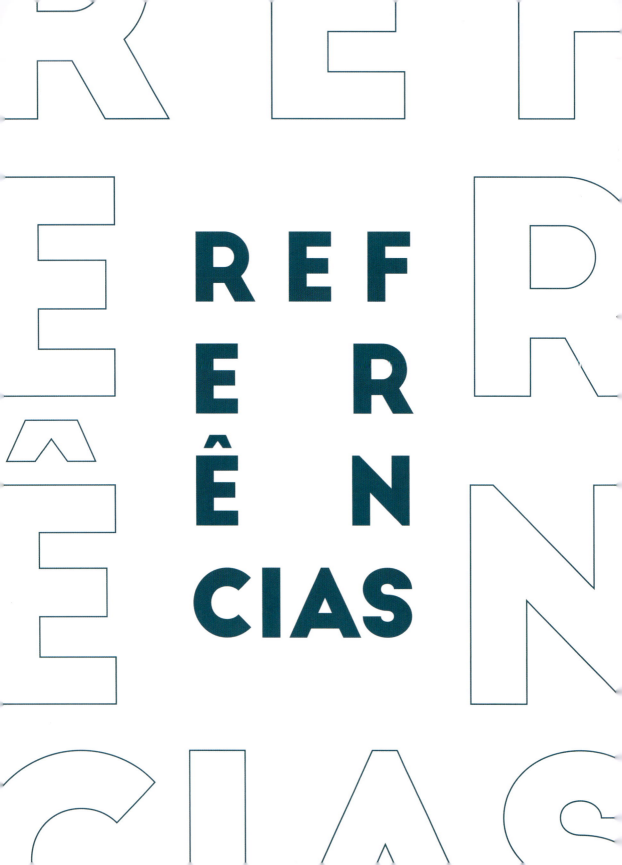

CASCUDO, Luís da Câmara. *História da alimentação no Brasil*. São Paulo: Global Editora, 4. ed., 2011.

DÓRIA, Carlos Alberto. *Formação da culinária brasileira: escritos sobre a cozinha inzoneira*. São Paulo: Editora Três Estrelas, 2014.

HOLANDA, Sérgio Buarque de. *Raízes do Brasil*. São Paulo: Companhia das Letras, 2015.

INFINITO COM. IMP. EXP. SERVS. LTDA. *Brasil, um país de muitos sabores*. São Paulo: 4 Capas Editora, 2016.

KÖVESI, Betty et al. *400 g: técnicas de cozinha – Fundamentos e técnicas de culinária aplicados em mais de 300 receitas*. São Paulo: Companhia Editora Nacional, 2007.

OLIVEIRA NETO, Aroldo Antônio de (org.). "A cultura do arroz". Brasília: Companhia Nacional de Abastecimento (Conab), 2015. 180 p. Disponível também em: http://www.conab.gov.br

PEREIRA, J. A. *Cultura do arroz no Brasil: subsídios para a sua história*. Teresina: Embrapa Meio-Norte, 2002.

PEREIRA, J. A.; BASSINELLO, P. Z.; CUTRIM, V. dos A.; RIBEIRO, V. Q. "Comparação entre características agronômicas, culinárias e nutricionais em variedades de arroz branco e vermelho". *Revista Caatinga*, Mossoró, v. 22, n. 1, p. 243-248, jan./mar. 2009.

SEGNIT, Niki. *Dicionário de sabores: combinações, receitas e ideias para uma cozinha criativa*. Rio de Janeiro: Casa da Palavra, 2014. 464 p.

SILVA, Paula Pinto e: *Farinha, feijão e carne-seca: um tripé culinário no Brasil colonial*. São Paulo: Editora Senac, 3. ed., 2014.

A Editora Senac Rio publica livros nas áreas de Beleza e Estética, Ciências Humanas, Comunicação e Artes, Desenvolvimento Social, Design e Arquitetura, Educação, Gastronomia e Enologia, Gestão e Negócios, Informática, Meio Ambiente, Moda, Saúde, Turismo e Hotelaria.

Visite o site **www.rj.senac.br/editora**, escolha os títulos de sua preferência e boa leitura.

Fique atento aos nossos próximos lançamentos!

À venda nas melhores livrarias do país.

Editora Senac Rio
Tel.: (21) 2018-9020 Ramal: 8516 (Comercial)
comercial.editora@rj.senac.br

Fale conosco: faleconosco@rj.senac.br

Este livro foi composto nas tipografias Adobe Garamond, Big John PRO, Electra LT Std, Menlo e Futura e impresso pela Imos Gráfica e Editora Ltda., em papel *couché matte* 150 g/m², para a Editora Senac Rio, em agosto de 2022.